料理ビギナーでも簡単！

なんでも作れる

ホットプレート
レシピ

ほっとぷれ子

JN021968

KADOKAWA

はじめに

はじめまして。ほっとぷれ子です。私は、ワーママ会社員として働く傍ら、SNSやレシピサイト「Nadia」などで、ホットプレートを使ったレシピを発信しています。

ホットプレートというと、焼肉やお好み焼きなどを作るときしか出番がないご家庭も多いかもしれませんが、実はどんな料理でも手軽においしく作ることができる、魔法の調理器具といっても過言ではありません！

そもそも私がホットプレートレシピに目覚めたのは、出産後なかなか外出ができない中、娘を寝かしつけたあとに夫と2人、ホットプレートでジンギスカンを焼いて食べたことがきっかけでした。
ジンギスカンを食べている最中、夫が「このホットプレートで食べると何でもおいしくなるね」とひと言。それを聞いた私は、ホットプレートで作るだけでおいしく感じてもらえるならばと、いろいろな試作をはじめました。

そうして家族のためにスタートしたホットプレート料理でしたが、レシピが増えるにつれ、自分のレシピが誰かの役に立

てばと思うようになり、InstagramをはじめとするSNSに投稿するようになりました。現在では、おかげさまで多くの方から反響をいただき、「簡単でおいしかった！」「家族が喜んでくれました」などといった声が寄せられ、大変うれしく思っています。

本書では、SNSで特に反響の大きかったレシピをはじめ、本書のためだけに考案した新作レシピも多数掲載しています。いずれも、なるべくフライパンや鍋といった調理器具は使わず、ホットプレート1つで簡単に作れるものばかりです。

ホットプレートレシピの魅力は、みんなで楽しくワイワイと作る工程から楽しめるところ。
私のように仕事に家事に育児にとバタバタの毎日を送っているみなさんが、仕事からヘトヘトで帰ってきても、すぐに作れて大切な人と楽しい食卓が囲めたら……。本書がみなさんと、みなさんの大切な人が笑顔になる、そのきっかけになりますように！

ほっとぷれ子

contents

はじめに ——————————— 2

ほっとぷれ子流　ホットプレート活用術 —— 8

本書の見方 ——————————— 10

ほっとぷれ子なんでもQ＆A ————— 28

Part 1

ほっとぷれ子
大人気ベストヒット10 ————— 11

1位　ホットプレートdeてりたま飯 — 12

2位　パリパリあんかけ焼きそば — 14

3位　ふわとろ豚たまそぼろ飯 — 16

4位　キャベせんしゃぶしゃぶ — 18

5位　腸活もっちもち焼き — 19

6位　旨すぎる牛飯 ————— 20

7位　とろ〜りホタテのアヒージョ — 22

8位　フレッシュトマトパスタ — 23

9位　簡単チキン南蛮 ————— 24

10位　濃厚！チーズハンバーグ — 26

Part 2

1品で大満足の主役級おかず ————— 29

豚のショウガ焼き ————— 30

豚肉と白菜のヘルシー酒蒸し — 32

箸が止まらない肉巻きなす — 33

鶏肉の大葉チーズつくね — 34

韓国屋台風！悪魔の肉巻き — 36

春巻きの皮でささみ大葉チーズ — 38

豚バラ蒸しポン酢 ————— 40

鶏むね肉のさっぱりみぞれ煮 ——— 41

ほくほくかぼちゃのひき肉チーズ焼き — 42

ふわふわ豆腐つくねの包み焼き ——— 43

ひと口煮込みハンバーグ ————— 44

オープンミートパイ —————— 46

巻かないロールキャベツ ————— 48

鉄板麻婆豆腐 ————————— 49

Nadia Collection とは

プロの料理家のおいしいレシピが集まるレシピサイト「Nadia」を舞台に、食で自己表現をするクリエイター「Nadia Artist（ナディアアーティスト）」を主役とした「Nadia」×「KADOKAWA」の書籍シリーズです。インターネットだけでなく、紙媒体である書籍でも食の情報をアウトプットすることで、Nadia Artist の新しい活躍の場を生み出していきます。

プチッとコロコロコロッケ ———— 50
鮭のちゃんちゃん焼き ———— 52

鮭のクリームホイル焼き ———— 53
ホットプレートdeぷりぷりエビマヨ ———— 54
ミルフィーユスイートポテトグラタン ———— 56
長いもピザ風焼き ———— 57
餃子の皮でじゃがいもラザニア ———— 58
じゃがいものガレット ———— 60
豆腐のふわとろ卵あんかけ ———— 61
超簡単厚揚げバターステーキ ———— 62

Part 3 おなかいっぱい主食レシピ ———— 63

豚キムチーズチャーハン ———— 64
サンマの丸ごと炊き込みごはん ———— 65
あんかけチャーハン ———— 66
焼き鳥ライス ———— 67
ガパオライス ———— 68
キムチそぼろ飯 ———— 70
熱々カレードリア ———— 71
肉巻きおにぎり ———— 72
ホタテ塩昆布炊き込みご飯 ———— 73
鮭と舞茸のご飯 ———— 74
本格！明太高菜チャーハン ———— 75
ガーリックチキンステーキライス ———— 76

チキンパエリア ———— 77
簡単時短！濃厚明太パスタ ———— 78
モッツァレラトマトパスタ ———— 79
喫茶店風鉄板ナポリタン ———— 80

豚肉の塩昆布パスタ ——— 82
濃厚ツナクリームパスタ ——— 83
マカロニグラタン ——— 84
簡単時短トマトクリームパスタ ——— 86

自慢の焼きうどん ——— 87
瓦そば ——— 88
ピリ辛豚そうめん ——— 89
鉄板焼きラーメン ——— 90

Part 4

ほっこり温まる**絶品鍋レシピ** ——— 91

ブーケ鍋 ——— 92
コクと香りが広がる坦々鍋 ——— 94
もつ鍋より旨いもつ鍋風 ——— 96
贅沢クリームの誘惑カルボ鍋 ——— 97
豚肉と白菜のねぎまみれ鍋 ——— 98
絶品！鶏汁 ——— 99
キムチのせ大根ミルフィーユ ——— 100

腸活！とろろ鍋 ——— 101
なすしゃぶ ——— 102

Part 5

お酒がすすむ！**おつまみレシピ** ——— 103

大きなとんぺい焼き ——— 104
丸ごと豆腐の純豆腐 ——— 105
彩り鮮やか！3種野菜の串焼き ——— 106

ささみ串3種 ——— 108
大葉キムチ棒餃子 ——— 109
おうちでひと口小籠包 ——— 110
小ヤリイカのホイル焼き ——— 112
カリカリレンコンしらすクリスピーピザ ——— 113
たらのアクアパッツァ ——— 114
長いもと豆腐のふわふわ焼き ——— 115
豆腐キムチチヂミ ——— 116

Cheers!

Part 6

子どもと一緒に楽しめる
ホームパーティレシピ —— 117

マルゲリータとツナコーンピザ —— 118
自家製トルティーヤdeパーティー —— 120
プチっと焼きおにぎり —— 122
たこ焼き器deハンバーガー —— 124
たっぷり野菜の彩りタコライス —— 125
プルコギライスバーガー —— 126
一番おいしいお好み焼き —— 128
明太もち～ずもんじゃ焼き —— 130

Part 7

ホットプレートで作れる
スイーツレシピ —— 131

みんなでワイワイ2種のクレープ —— 132
プチっといちご大福風 —— 133
チョコバナナアイスの餅ピザ —— 134
あみあみくるくる —— 135
カスタードアップルパイ —— 136
簡単ブラウニー —— 138
今川焼 —— 139
プチっとスイートポテトパイ —— 140
クルクル楽しい！バームクーヘン —— 141
悪魔のパンプディング —— 142
プチッとハロウィンケーキ —— 143

ほっとぷれ子流 ホットプレート活用術

ホットプレートで作れるのは焼肉だけじゃありません！ 炒めものから蒸しもの、炊き込み料理まで、手軽においしく作れるホットプレートの魅力をご紹介します。

1 1品でも大満足のおかずが作れる！

栄養バランスや彩りなどを考えながら作る、毎日のご飯作りは大変。しかし、ホットプレートを使えば、主食・肉や魚・野菜やきのこといった食材を一度に使うことができるので、1品で栄養バランス満点の料理を作ることもできちゃいます。1品でも豪華に見えるので、手抜き感がゼロなのもうれしいポイント！

ご飯を使った
レシピもたくさん！

マカロニグラタンも
ホットプレートで♪

最後までアツアツを
食べられる！

2 最後までアツアツで食べられるからおいしさ倍増！

フライパンやオーブンで作った料理では、食べているうちに冷めてきてしまうということもよくあります。せっかくおいしい料理を作っても、冷めてしまうとおいしさは半減！ ホットプレートで作って保温にしておけば、最後まで温かく一番おいしい状態で食べることができます。

3 "映える"から 料理上手に見える!

普段の料理も、ホットプレートで作ると豪華に見えるから不思議! 温められたチーズは、見ているだけでおなかが鳴ってしまいそう。ご飯をこんもり盛りつけたり、カラフルな野菜を散りばめたり、ちょっと盛りつけ方を工夫するだけでも、みんながわっと驚く"映えレシピ"に仕上がります。

とろ～りチーズにノックアウト!

4 みんなでワイワイ作って 料理の手間をカット!

みんなでワイワイ作るのも、ホットプレート料理の醍醐味! 普通は完成した料理を食卓に並べるものですが、「作る工程」からイベントにしてしまえば、作る側の料理の負担を減らすことができます。みんなで作ることで会話も増えるので、コミュニケーションにもつながるのでいいことづくめ。家族や友人との仲も深まります。

好きな具材をトッピングするのも楽しい♪

5 洗いものが少ないから 片づけもラクチン♪

「ゆでる」「炒める」「焼く」「蒸す」などの調理機能を1つでこなしてくれるので、調理器具はホットプレート1つだけでいいレシピが多数。定食スタイルの献立のように盛りつける皿もたくさん必要じゃないので、洗いものの数を減らせます。ホットプレート自体のお手入れも簡単なので、家事がラクになります。

ホットプレート1でアツアツドリアの完成

6 ダイエット中の ヘルシー料理も得意!

ホットプレートはガッツリとした料理が多いイメージですが、実はヘルシーな料理もお手のもの! 「キャベせんしゃぶしゃぶ」(P.18)や、「豚肉と白菜のヘルシー酒蒸し」(P.32)のように、蒸したりゆでたりすることによって野菜のカサが減り、生で食べるよりもたくさんの量が食べられます。食物繊維をたくさん摂りたいときにも◎!

油不使用でヘルシー野菜がたっぷり♪

1 キャッチ・レシピ名

料理の特徴が伝わりやすいキャッチコピーと料理名をセットで記載しています。

2 材料

本書は、Part6のパーティレシピ(P.117～130)を除き、すべて2～3人分のホットプレートを使用しています。パーティレシピでは、3～5人分用のホットプレートを使用しているので、2～3人分用のホットプレートで作る場合は、材料をすべて2/3量にしてお作りください。

3 作り方

すべてのレシピに工程写真がついているので、何をどう作ればいいかがひと目でわかります!

4 インデックス

「主食」「副菜」「おつまみ」「鍋」「スイーツ」といった、章ごとのテーマを記載しています。

本書の注意点

● ホットプレートは、本書ではBRUNOを使用しています。機種やメーカーによって同じ加熱時間や温度でも仕上がりが変わることがあるので、必ず様子を見て調節してください。

● 本書では、ホットプレートの火加減は、低温・中温・高温の3種類で記載しています。特に記載がない場合は中温です。使用するホットプレートのメーカーや機種によって火加減は異なるので、様子を見ながら調節してください。

● 電子レンジは600Wを使用しています。500Wの場合は1.2倍、700Wの場合は0.8倍で計算し、様子を見ながら加熱時間を調節しましょう。

● 電子レンジを使用する際は、必ず耐熱性のボウルを使用しましょう。

● めんつゆは2倍濃縮を使用しています。

● バターは特に記載がない場合、有塩タイプを使用しています。どちらを使用してもかまいません。

● 計量単位は大さじ1=15㎖、小さじ1=5㎖です。

本書で使用しているホットプレート

本書ではBRUNOの2種類のホットプレートと、3つのプレートを使用しています。
お持ちのホットプレートでも作れるので、試してみてください。

BRUNO コンパクトホットプレート

Part6を除くすべてのレシピで使用。2～3人前の作りやすいサイズです。

BRUNO ホットプレート グランデサイズ

Part6のパーティレシピで使用します。3～5人前で家族が多い人やホームパーティなどにもおすすめ。

平面プレート

さまざまな料理で大活躍する、本体とセットで販売されているベーシックなプレート。

たこ焼きプレート

たこ焼きはもちろん、ひと口サイズの焼きおにぎりやコロッケなど使い方は無限大(付属品)。

セラミックコート鍋

煮込み料理やお鍋などを楽しみたいときに大活躍する深鍋です(別売り)。

Part 1

ほっとぷれ子

大人気ベスト ヒット10

SNSなどで特に反響の大きかったレシピを厳選して、ランキング形式でご紹介！　ガッツリ系からヘルシー系まで幅広いラインナップなので、その日の気分に合わせてお試しあれ♪

てり焼きのタレは
分量がすべて同じ
なので作りやすい！

甘じょっぱいタレとご飯の相性抜群！

ホットプレートdeてりたま飯

材料 (2人分)

ご飯	300g	酒	大さじ2
鶏もも肉	1枚	A 砂糖	大さじ2
卵	3個	しょうゆ	大さじ2
マヨネーズ	適量	みりん	大さじ2
		サラダ油	大さじ1
		小ねぎ	適宜
		刻みのり	適宜

下準備

1 鶏肉はひと口大に切る。

加熱start!

2 ホットプレートにサラダ油をひき、❶を入れて中温で両面焼く。

3 Aを加えて全体に絡め、電源をオフにしていったん鶏肉を取り出す。

4 ホットプレートにご飯を入れてプレートに残っているタレと絡め、ご飯をプレートの真ん中に丸く寄せる。

5 卵は溶き、ホットプレートを低温に熱して流し入れ、お好みの固さで火を止める。

6 ご飯の上に❸の鶏肉をのせ、マヨネーズをたっぷりかける。お好みで小口切りにした小ねぎと刻みのりを散らす。

13

野菜もお肉も
一度に摂れるから
栄養バランスも◎

市販の中華麺が本格あんかけ焼きそばに大変身！

パリパリあんかけ焼きそば

材料（2人分）

中華麺	2玉		しょうゆ	大さじ2
豚こま切れ肉	150g		砂糖	大さじ1
にんじん	1/2本		酒	大さじ1
白菜	150g	A	みりん	大さじ1/2
長ねぎ	1/2本		オイスターソース	小さじ1
片栗粉	大さじ1		鶏がらスープの素（顆粒）	小さじ2
			水	300㎖
		B	片栗粉	大さじ2
			水	大さじ2
			ごま油	大さじ3

下準備

にんじんは4〜5cm長さの細切り、白菜は削ぎ切り、長ねぎは斜め薄切りにする。

豚肉は片栗粉をまぶし、Aは混ぜ合わせておく。

加熱Start!

ホットプレートにクッキングシートを敷いて中温に熱し、ごま油大さじ1をひいて豚肉を炒める。

軽く焼き色がついたら肉を寄せてスペースを空け、にんじんを炒める。色が変わってきたら白菜を加えて炒め、しんなりしてきたら長ねぎも加えて全体を炒める。

Aを加え、ぐつぐつと沸騰してきたら混ぜ合わせたBを加える。とろみがついてきたらクッキングシートで包んでいったん取り出す。

ホットプレートに残りのごま油をひいて高温で熱し、中華麺を入れてフタをする。温まったら一度ほぐしてから両面焼き色をつけながらパリパリに焼く。

❻に❺をかける。

とろ～り卵を
ご飯に絡めながら
召し上がれ♪

食べ出したら止まらない王道ガッツリ飯！

ふわとろ豚たまそぼろ飯

材料（2人分）

ご飯 …… 300g（お茶碗2膳分）
豚ひき肉 …………………… 200g
しめじ …………………… 1/2袋
卵 …………………………… 3個
牛乳 …………………… 大さじ2
小ねぎ ……………………… 1本
刻みのり …………………… 適量

A
ショウガ（すりおろし）
 …………………… 1かけ分
鶏がらスープの素（顆粒）
 …………………… 小さじ1
しょうゆ ………… 大さじ2
みりん …………… 大さじ3
ごま油 …………… 小さじ2

下準備

1. しめじは石突きを切り落としてほぐし、小ねぎは小口切りにする。ボウルに卵を溶き、牛乳を加えて混ぜ合わせ、卵液を作る。

加熱Start!

2. ホットプレートにごま油をひき、ひき肉を入れて色が変わるまでほぐしながら焼く。

3. しめじを加え、1分ほど炒めたらAを加えてさらに炒める。

4. ご飯を加え、全体が混ざるように炒める。

5. ホットプレートを低温にし、4のご飯をプレートの中央に寄せて丸く成形したら1の卵液を周りに流し入れる。かき混ぜながら半熟のところで電源をオフにする。

6. ご飯の上に小ねぎと刻みのりをのせる

たくさん食べても
罪悪感なし！
ダイエット中の強い味方

ポン酢しょうゆでさっぱり、キャベツが無限に食べられる

キャベせんしゃぶしゃぶ

材料（2人分）

キャベツ	……………………	1/4個
豚ロース薄切り肉		
（しゃぶしゃぶ用）	……	200g
A 水	………………	500㎖
白だし	…………	大さじ2
しょうゆ	…………	大さじ1
みりん	…………	大さじ1
ポン酢しょうゆ	…………	適量

下準備

キャベツはせん切りにする。

加熱Start!

ホットプレートに**A**を入れてよ
く混ぜ、フタをして中温で加
熱し、沸騰させる。

❶を入れてフタをして煮る。

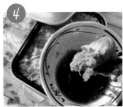

キャベツが柔らかくなったら
1枚ずつ肉を入れてしゃぶしゃ
ぶし、キャベツを巻いてポン
酢しょうゆにつけて食べる。

えのきだけと長いもで
食物繊維たっぷり！
もちもち食感がクセになる

Best Hit
5位

明太子とチーズの最強の組み合わせ！

腸活もっちもち焼き

材料 (2人分)

	長いも	200g
	えのきだけ	1袋
	明太子	1本
A	片栗粉	30g
	ピザ用チーズ	30g
	和風だしの素（顆粒）	小さじ1
ごま油		適量
青のり		適宜

下準備

長いもは皮をむいてすりおろす。えのきだけは3cm長さに切り、明太子は皮を取ってほぐす。

ボウルにAを入れてよく混ぜる。

加熱Start!

ホットプレートにごま油をひいて中温に熱し、❷を流し入れて広げ、両面こんがりと焼く。

まな板に移動して食べやすい大きさに切り、再びホットプレートに戻し、お好みで青のりをふりかける。

19

タレとご飯を絡めて
おこげを作りながら
食べるとおいしさアップ！

牛肉の旨みたっぷりのタレがご飯にしっかり絡む！

旨すぎる牛飯

材料 (2人分)

ご飯	300g		酒	大さじ2
牛バラ薄切り肉	200g		みりん	大さじ2
玉ねぎ	1個		しょうゆ	大さじ2
卵黄	1個	A	砂糖	大さじ2
小ねぎ	適量		和風だしの素 (顆粒)	
炒りごま (白)	適宜			小さじ1
紅ショウガ	適量		水	60mℓ

下準備

1

玉ねぎは薄切りにし、小ねぎは小口切りにする。

加熱Start!

2

ホットプレートにAを入れて中温で熱し、沸騰したら玉ねぎを入れる。

3

玉ねぎの色が変わってきたら、玉ねぎを寄せてスペースを作り、牛肉を入れる。

4

肉に火が通ったら混ぜ合わせ、真ん中にスペースを空けてご飯をのせる。

5

炒りごま、小ねぎ、紅ショウガを散らし、卵黄をのせ、全体をよく混ぜて食べる。

濃厚チーズと絡めて召し上がれ

とろ〜りホタテのアヒージョ

材料 (2人分)

ホタテ	300g
ブロッコリー	1/2房
マッシュルーム	100g
カマンベールチーズ	1個
ニンニク	5片
鷹の爪	3本
白ワイン	大さじ2
塩	小さじ1/3
オリーブオイル	150mℓ
パセリ	適宜

下準備

1

ブロッコリーは小房に分けて切り、マッシュルームは半分に切る。ニンニクは薄切りにする。鷹の爪は中の種を取り出す。カマンベールチーズは6等分に縦半分まで切り込みを入れる。

加熱Start!

2

ホットプレートを低温で熱し、オリーブオイル、ニンニクを入れる。色が変わってきたら鷹の爪を入れる。

3

ブロッコリー、マッシュルーム、ホタテを入れたら中温にし、白ワイン、塩を加えて軽く混ぜる。フタをして7分ほど熱する。

4

具材に火が通ったら中央にカマンベールチーズを入れてフタをし、1分ほど加熱。チーズが溶けたらお好みで刻んだパセリを散らす。

お酒との相性も抜群
おうちバル気分が
味わえる♪

ワンプレートで
完結するから
洗いものも楽チン

Best Hit 8位

生トマトの旨みを閉じ込めた本格的な味わい

フレッシュトマトパスタ

材料 (2人分)

スパゲティ	200g
トマト	2個
玉ねぎ	1個
ニンニク	2片
ドライバジル	適宜

A

オリーブオイル	大さじ2
塩	少々
ブラックペッパー	少々
コンソメ (顆粒)	大さじ1
輪切り唐辛子	小さじ1
熱湯	250ml

下準備

1

トマト、玉ねぎは角切りに、
ニンニクはみじん切りにする。

加熱Start!

2

ホットプレートを中温に熱し、
温まったら中央を空けて1を
入れ、中央にスパゲティを入
れる。続けてAを上から記載
の順に入れる（オリーブオ
イルはスパゲティの上にかける
と、あとでほぐしやすくなる）。

3

フタをしてスパゲティの袋の
表示時間より2分少なく加熱
し、フタを開けて麺をほぐし、
具材を絡めるように混ぜる。

4

さらにフタをして2分加熱し、
全体を混ぜ合わせ、お好みで
バジルを散らす。

甘酢あんとタルタルソースの文句なしの組み合わせ

Best Hit
9位

子どもも大人もみんな大好きな味！

簡単チキン南蛮

材料（2人分）

鶏もも肉 ……………… 2枚
片栗粉 ……………… 大さじ6
サラダ油 ……………… 大さじ2
ドライパセリ ……………… 適宜

＜つけダレ＞
しょうゆ ……………… 小さじ1
酒 ……………… 小さじ1
ショウガ（すりおろし）
……………… 小さじ1

＜タルタルソース＞
卵 ……………… 2個
玉ねぎ ……………… 1/8個
マヨネーズ ……………… 大さじ3
砂糖 ……………… 大さじ1/2
酢 ……………… 大さじ1/2
塩・コショウ ……………… 各少々

＜甘酢あん＞
しょうゆ ……………… 大さじ3
砂糖 ……………… 大さじ4
酢 ……………… 大さじ2

下準備

加熱Start!

鶏肉はひと口大に切ってボウルに入れ、つけダレの材料を加えて混ぜ合わせ、10分ほどつける。

❶の鶏肉に片栗粉をまぶしてホットプレートに並べ、サラダ油を上から回しかけて中温で揚げ焼きにする。

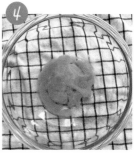

フタをして片面を5分ほど焼いて焼き目がついたら裏返し、さらにカリッとなるまで5分ほど焼く。

❸を焼いている間に、ボウルに卵を溶き、電子レンジでラップをせずに1分30秒ほど加熱する。

❹をフォークで細かくつぶし、みじん切りにした玉ねぎと残りのタルタルソースの材料を混ぜ合わせる。

❸が焼き上がったら、甘酢あんの材料を混ぜ合わせて加え、汁気がなくなるまで炒め合わせる。

❻に❺をかけ、お好みでパセリを散らす。

Part 1

ほっとぷれ子大人気ベストヒット10

25

肉汁あふれるハンバーグ×とろ～りチーズの罪な味

濃厚！ チーズハンバーグ

材料 (2人分)

合いびき肉	350g
玉ねぎ	1個
卵	1個
塩	4g
ナツメグ	2g

A
パン粉	30g
鶏がらスープの素 (顆粒)	2g
牛乳	30㎖

＜チーズソース＞
バター	10g
薄力粉	10g
牛乳	200㎖
ピザ用チーズ	150g

オリーブオイル	大さじ1
ドライパセリ	適宜

TORO～RI

下準備

1 玉ねぎはみじん切りにして耐熱容器に入れ、ラップをしたら電子レンジで2分加熱して粗熱を取る。

2 ボウルにAを入れて混ぜ合わせ、パン粉に牛乳をよく浸す。

3 ②にひき肉を加えて白っぽくなるまでこね、塩、①の玉ねぎ、卵、ナツメグを入れてさらにこね、2等分にして楕円形に成形する。

加熱Start!

今日は
カロリー度外視で
ご褒美DAY！

4 ホットプレートにオリーブオイルをひいて中温で熱し、③を焼く。焼き目がついたら裏返し、中まで火を通す。

5 焼いている間にチーズソースを作る。小鍋にバターを入れて中温で熱し、薄力粉を加えてペースト状にする。

6 牛乳を加え、ダマにならないように少しずつ入れながらそのつど混ぜる。グツグツしてきたらチーズを加えてさらに混ぜる。

7 ④が焼けたら、上から⑥をかけ、パセリを散らす。

ほっとぷれ子 なんでも Q&A

ホットプレート料理に関する疑問や質問に、
ほっとぷれ子がなんでもお答えします！

 **一番お気に入りの
レシピは？**

「ホットプレート de てりたま飯」(P.12) は、食べごたえがあり夫も娘も大好物！ 簡単なので仕事から疲れて帰ってきた日にもよく作っており、我が家の定番です。「キャベせんしゃぶしゃぶ」(P.18) は、はじめてInstagram のリールで 100 万回再生され、フォロワーさんから大人気です！

 **レシピはどうやって
考えるの？**

なるべくホットプレート 1 つでできて、家にある食材で簡単に作れるかという点を意識しています。仕事から帰ってきて夕飯を作る大変さ、家事育児で疲れている中での大変さ、どちらも経験しているので、忙しい方でも手軽に日常的に作れるレシピを心がけています。

 **ホットプレートの
お手入れどうしてる？**

ホットプレートはお手入れが大変そう……という方がいますが、プレートが取り外せるので意外とお手入れは簡単！ 私の場合は、プレートは食器用洗剤で洗い、本体は濡れ布巾で拭き取るようにしています。本体にカスが入り込んだときは、ブラシなどで取り除けば OK。

 **ホットプレート
料理の魅力は？**

やっぱり 1 番は、みんなでワイワイと作る工程から楽しめるところです！ 家族や友人と楽しく食卓を囲むことで、会話も増えて食卓が明るくなるのが魅力ですね。また、作る工程をみんなでやるので、料理をする側からすると家事負担が減るのもうれしいポイントです。

 **ホットプレート料理の
注意点は？**

焼く、煮る、蒸す、ゆでるなど、いろいろな調理法ができるホットプレートですが、専用の商品を除き、揚げもの料理には対応していないので注意しましょう。また、小さなお子さんと一緒に作ったり食べたりする場合は、油はねなどによるやけどには十分注意してください。

 献立はどうやって考える？

忙しい平日は特に、献立をイチから考えるのは本当に大変！ できれば 1 週間の献立をあらかじめ考え、買い出しも済ませておくと便利です。本書のホットプレートレシピなら、1 品作るだけで栄養バランスが整うレシピも豊富なので、忙しい日の 1 品献立に、ぜひご活用ください。

Part

2

‚‚‚‚‚‚‚‚‚‚‚‚‚‚

1品で大満足の
主役級
おかず

おなかがしっかり満たされる、お肉や魚介を使ったボリューム満点のレシピを集めました。いずれもパパッと作れるものばかりなので、忙しい日のメイン料理にピッタリです。

キャベツたっぷり！

豚のショウガ焼き

材料 (2人分)

豚こま切れ肉	200g
玉ねぎ	1個
キャベツ	1/6玉
小麦粉	大さじ2

A	ショウガ (すりおろし)	1片分
	酒	大さじ3
	しょうゆ	大さじ3
	みりん	大さじ3

下準備

1 玉ねぎは薄切りにし、電子レンジで約2分加熱する。キャベツはせん切りにする。

豚肉に小麦粉をまぶす。

加熱Start!

ホットプレートを中温にし、油をひかずに②を入れて焼く。

肉に火が通ってきたら玉ねぎを加えてさらに焼く。

Aを加え、全体に絡めながら焼く。

⑤を中央に寄せ、両端にキャベツを添える。

豚こま切れ肉で
作るから
お財布にも優しい

ダイエット中でも
安心して
モリモリ食べられる♪

野菜ときのこで食物繊維もたっぷり摂れる

豚肉と白菜のヘルシー酒蒸し

材料 (2人分)

豚バラ薄切り肉 ……………… 200g
白菜 ……………………………… 200g
えのきだけ ……………………… 1/2袋
酒 ………………………………… 大さじ1

A
├ めんつゆ …… 大さじ1と1/2
├ 鶏がらスープの素（顆粒）
│ ……………………………… 小さじ2
├ ごま油 ………………… 小さじ1
└ ニンニク（チューブ）… 3cm

小ねぎ ………………………… 適量

下準備

① 白菜はざく切りに、えのきだけは石突きを落としてほぐす。小ねぎは小口切りにする。

加熱Start!

② ホットプレートに白菜の芯、白菜の葉、えのきだけ、豚肉の順にのせ、酒をふりかけてフタをし、中温で10分ほど加熱する。

③ 待っている間にAを混ぜ合わせておき、10分たったらフタを開けて回しかける。

④ 仕上げに小ねぎを散らす。

ジューシーな豚肉と
とろりとした
なすがベストマッチ

ちょっぴりこってり味でクセになる

箸が止まらない肉巻きなす

材料 (2人分)

豚バラ薄切り肉	10枚
なす	2と1/2本
塩・コショウ	各少々
薄力粉	大さじ2

A		
	しょうゆ	大さじ1と1/2
	みりん	大さじ1と1/2
	砂糖	大さじ1と1/2
	酒	大さじ1
	酢	大さじ1
	ショウガ (チューブ)	3cm
	水	大さじ1

サラダ油	大さじ1
小ねぎ	適宜
炒りごま (白)	適宜

下準備

1
なすは4等分のくし形切りにする。

2
なすに豚肉を巻きつけ、塩・コショウをふり、薄力粉をまぶす。

加熱Start!

3
ホットプレートにサラダ油をひいて中温で熱し、②の閉じ目を下にして並べ、転がしながら焼き目をつける。

4
混ぜ合わせた**A**を入れ、フタをして5分ほど蒸し焼きにし、フタを外してクルクル回しながら煮詰める。お好みで小口切りにした小ねぎ、炒りごまを散らす。

33

低温でじっくり
焼けば
ふわふわ食感に！

鶏むね肉でヘルシー＆節約♪

鶏肉の大葉チーズつくね

材料 (2人分)

	鶏むね肉	1枚		しょうゆ	大さじ2
	大葉	10枚		酒	大さじ1
	片栗粉	大さじ2	B	ごま油	大さじ1
A	酒	大さじ1		砂糖	大さじ1
	塩	少々		ショウガ	1片
	ピザ用チーズ	20g		サラダ油	適量
				小ねぎ	適量

下準備

① フードプロセッサーに鶏肉を入れてかくはんし、ミンチにする（フードプロセッサーがない場合は、鶏ひき肉300gでも代用可）。

② 大葉はみじん切りにし、小ねぎは小口切りにする。

③ ボウルに①とAを入れてよく混ぜ合わせる。

④ 竹串2本を包むように③をぎゅっと丸めて成形する。これを12本作る。

⑤ ショウガはすりおろし、小さいボウルにBを入れて混ぜ合わせる。

加熱Start!

⑥ ホットプレートにサラダ油をひき、④を並べて中温で焼く。焼き色がついたらひっくり返し、フタをして5分ほど低温で蒸し焼きにする。

⑦ ⑥を加えて全体に絡め、小ねぎを散らす。

Part 2 1品で大満足の主役級おかず

MEAT

じゅわっとあふれる肉汁と
とろ〜りチーズが
たまらない！

韓国屋台風！ 悪魔の肉巻き

材料 (2人分)

豚バラ薄切り肉	400g	キムチ	250g
大葉	10枚	ピザ用チーズ	適量

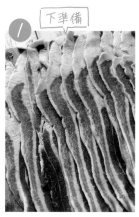

下準備

1 豚肉を重ねて並べる。

2 *1*の上に大葉を並べる。

3 *2*の上に、キムチ、チーズの順にのせる。

4 豚肉がバラけないよう注意して、*2*、*3*でのせた具材を包むようにくるくると巻く。

加熱Start!

5 ホットプレートを中温で熱して*4*をのせ、クルクルと回しながら全体を焼く。

6 焼き色がついたらプレートから取り出し、食べやすい大きさに切る。

Part
2
1品で大満足の主役級おかず

37

おつまみにもぴったり！

春巻きの皮でささみ大葉チーズ

材料 (2人分)

春巻きの皮	4枚	梅	3個
鶏ささみ	6本	マヨネーズ	小さじ1
大葉	10枚	酒	大さじ1
ピザ用チーズ	適量	ごま油	大さじ1

下準備

1 大葉はせん切りにする。梅は種を取り出して包丁でたたき、小さいボウルに入れてマヨネーズを加えて混ぜ合わせ、梅ペーストを作る。

2 ささみは筋を取って耐熱容器に入れ、酒を回し入れる。ふんわりとラップをして電子レンジで5分加熱し、粗熱が取れたら手でほぐす。

3 ホットプレートにごま油をひき、春巻きの皮を2枚ずつ重ねてプレートを覆うように敷き詰める。

加熱Start!

4 ❸の上に❶の梅ペーストをまんべんなく塗る。

5 ❹の上全体に、❷のささみとチーズをのせ、フタをして中温で8分ほど加熱する。

6 焼き色がついてチーズが溶けたら大葉を散らす。プレートから取り出し、食べやすい大きさに切る。

サクサク軽い
食感で
無限に食べられる

15分でパパッとできる！

豚バラ
蒸しポン酢

材料 (2人分)

豚バラ薄切り肉	250g
もやし	1袋
えのきだけ	1袋
ポン酢しょうゆ	適量
小ねぎ	適宜

材料少なめで
忙しい日でも
作りやすい♪

下準備

ホットプレートにもやしを敷き詰め、石突きを落としてほぐしたえのきだけを重ねる。

加熱Start!

①の上に、なるべく肉同士が重ならないように豚肉をのせ、フタをして中温で5〜10分蒸し焼きにする。

火が通ったらポン酢しょうゆをかけ、お好みで小口切りにした小ねぎを散らす。

低糖質でヘルシー

鶏むね肉の
さっぱりみぞれ煮

洗いものが
少ないので
後片づけも楽々♪

材料 (2人分)

鶏むね肉	1枚
大根	1/2本
塩・コショウ	各少々
片栗粉	大さじ1と1/2

A		
	水	150mℓ
	めんつゆ (3倍濃縮)	40mℓ
	ショウガ (すりおろし)	小さじ1
	ごま油	適量
	小ねぎ	適宜

下準備

1 鶏肉はひと口大の削ぎ切りにし、塩・コショウをふって片栗粉をまぶす。大根はすりおろす。

加熱Start!

2 セラミックコート鍋にごま油をひき、中温にかけて鶏肉を入れる。フタをして蒸し焼きにし、両面焼く。

3 A、すりおろした大根を入れてフタをし、5分煮込む。

4 お好みで小口切りにした小ねぎを散らす。

かぼちゃの甘みがおいしさの決め手！

ほくほくかぼちゃのひき肉チーズ焼き

材料 (2人分)

かぼちゃ	……………………	450g
合いびき肉	…………………	200g
玉ねぎ	………………………	1個
ピザ用チーズ	………………	適量
A 塩・コショウ	………	各少々
トマトケチャップ	…	大さじ1
ウスターソース	……	大さじ1
サラダ油	………………………	小さじ2
パセリ	………………………	適宜

下準備

かぼちゃは種とワタを取り除き、皮つきのまま1cm幅に切る。耐熱ボウルに入れ、ふんわりラップをかけて電子レンジで4分ほど柔らかくなるまで加熱する。玉ねぎはみじん切りにする。

加熱Start!

ホットプレートにサラダ油をひいて中温で熱し、ひき肉を入れてほぐしながら炒める。肉の色が変わったら玉ねぎを加え、透明になるまでさらに炒める。

Aを加えて炒め合わせて均一に伸ばし、その上にかぼちゃをのせ、フタをして低温〜中温で5分ほど加熱する。

かぼちゃがほくほくになったらチーズをかけ、フタをして2分ほど加熱する。チーズが溶けたらお好みでパセリを散らす。

献立の主役にも
副菜にもなる
万能おかず

包み焼きで旨みを凝縮！

ふわふわ豆腐つくねの包み焼き

材料 (2人分)

もやし	1/4袋
しめじ	1/2袋
卵黄	2個
A 鶏ひき肉	250g
絹ごし豆腐	1丁
和風だしの素（顆粒）	大さじ1
片栗粉	大さじ1
B 砂糖	大さじ1
しょうゆ	大さじ2
マヨネーズ	大さじ2
片栗粉	大さじ1
炒りごま（白）	適宜
小ねぎ	適宜

1 下準備

ポリ袋に**A**を入れ、外側からしっかりともみ込んで混ぜる。しめじは石突きを切り落としてほぐしておく。

2

クッキングシートを敷き、もやしとしめじを1/2量のせて広げ、*1*も1/2量のせてヘラで丸く成形する。

3

*2*の上に混ぜ合わせた**B**を1/2量かけ、クッキングシートを包む。これをもう1つ作る。

4 加熱Start!

ホットプレートに*3*をのせ、鉄板に水10ml（分量外）を垂らし、フタをして中温で20分ほど加熱する。クッキングシートを開いてお好みでごま、小口切りにした小ねぎを散らし、卵黄をのせる。

卵黄に絡めて召し上がれ♪

一度に焼けるので
何度も焼く
手間をカット！

小さめサイズで小さな子でも食べやすい♪

ひと口煮込みハンバーグ

材料 (2人分)

<肉だね>

合いびき肉	300g
玉ねぎ	1個
卵	1個
塩・コショウ	各少々
パン粉	20g
牛乳	大さじ2

しめじ	1/2袋
ブロッコリー	1/4房
にんじん	1/4本 (適宜)
ピザ用チーズ	適量
塩・コショウ	各少々
サラダ油	大さじ1
バター	10g

<ソース>

水	150mℓ
砂糖	小さじ1
コンソメ (顆粒)	小さじ1/2
トマトケチャップ	大さじ4
ウスターソース	大さじ3

1 下準備

玉ねぎ1/2個はみじん切り（肉だね用）、残りの1/2個は薄切りにする（具材用）。しめじは石突きを切り落としてほぐす。ブロッコリーは小房に分ける。にんじんはお好みでハート形にくり抜く。

2

ボウルにパン粉、牛乳を入れて湿らせ、残りの肉だねの材料を入れてよく混ぜる。

3

❷を8等分に分け、空気を抜きながら小判型に成形する。

4 加熱Start!

ホットプレートにサラダ油をひいて熱し、❸を入れて焼き色がつくまで強めの中温で両面焼く。

5

ハンバーグを端に寄せてバターを入れ、薄切りにした玉ねぎ、しめじを加えてしんなりするまで中温で炒め、塩・コショウをふる。

6

ソースの材料を入れてひと煮立ちしたらにんじんを加え、フタをして中温で3分ほど煮る。ハンバーグを裏返してブロッコリーを加え、ピザ用チーズをハンバーグの上にのせたら、フタをしてさらに低温で3分ほど煮込む。

包まず簡単！ ホームパーティにもオススメ

オープンミートパイ

材料 (2人分)

		<ミート>				トマトケチャップ	
冷凍パイシート	3枚	合いびき肉	250g	A			大さじ3
卵	2個	にんじん	1/3本		中濃ソース	大さじ1
<マッシュポテト>		玉ねぎ	1/2個		塩・コショウ	各少々
じゃがいも	4個	ニンニク	1片	サラダ油	小さじ2
バター	15g			粉チーズ	適宜
牛乳	100㎖			パセリ	適宜
塩	小さじ1				

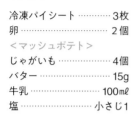

オーブンなしで
本格ミートパイが
作れちゃう♪

下準備

1 にんじん、玉ねぎ、ニンニクはみじん切りにする。

2 じゃがいもは6〜8等分に切り、3分ほど水にさらす。水切りをしたら耐熱容器に入れてふんわりラップをし、電子レンジで5分ほど加熱する。柔らかくなったらマッシャーやフォークでつぶす。

3 バター、牛乳を加えて再び電子レンジで30秒ほど加熱し、塩を加えてよく混ぜる。

加熱Start!

4 ホットプレートの上にクッキングシートを広げてサラダ油をひき、ニンニク、ひき肉を炒める。色が変わったら玉ねぎ、にんじんを加えて炒め合わせ、**A**を加えてさらに炒め、クッキングシートごといったん取り出す。

5 冷凍パイシートを半解凍させ、めん棒などでホットプレートの大きさに伸ばし、ホットプレートの上にのせ、全体的にフォークなどで刺して穴をあける。

6 ❸のマッシュポテトと、❹のミートの順に敷き詰め、2箇所くぼみを作って卵をのせる。フタをして低温〜中温で20分ほど焼く。

7 焼き目がついて、卵に火が通ったら粉チーズ、パセリを散らし、鉄板から取り出して食べやすい大きさに切る。

47

キャベツは巻かずに重ねるだけ！

巻かないロールキャベツ

簡単なのに
見た目もおしゃれ
おもてなしにも♪

材料 (2～3人分)

合いびき肉		300g
キャベツ		300g
玉ねぎ		1/2個
ベーコン		25g
A	パン粉	大さじ2
	卵	1個
	牛乳	大さじ1
	塩	少々
	ブラックペッパー	少々
B	カットトマト缶	300g
	ウスターソース	大さじ1
	トマトケチャップ	大さじ3
	コンソメ（顆粒）	小さじ1
	塩	少々
ブラックペッパー		少々
パセリ		適宜

下準備

玉ねぎはみじん切りにしてボウルに入れ、ひき肉、**A**を加えて粘りが出るまでよくこねる。

2

キャベツ2/3量を大きめにちぎってセラミックコート鍋に並べ、その上に*1*を横長に盛る。

3

*2*の上に残りのキャベツを大きめにちぎりながらのせ、ベーコンを短冊切りにして周りに並べる。

4 加熱Start!

ボウルで混ぜ合わせた**B**を加え、フタをして15分ほど中温で加熱する。キャベツが柔らかくなったらブラックペッパーをふり、パセリを散らす。

家庭にある調味料で本格的な味わい！

ずっとアツアツが食べられる♪

鉄板麻婆豆腐

材料 (2人分)

豚ひき肉	250g
絹ごし豆腐	1丁
長ねぎ	2/3本
ニンニク	1片
ショウガ	1片
A 豆板醤	小さじ2
A 酒	大さじ1
A しょうゆ	大さじ1
A 鶏がらスープの素(顆粒)	小さじ2
A 砂糖	小さじ2
B 片栗粉	大さじ2
B 水	大さじ2
ごま油	小さじ2
小ねぎ	適宜

下準備

長ねぎ、ニンニク、ショウガはみじん切りにする。

加熱Start!

ホットプレートにごま油をひいて中温で1を炒め、香りが立ったらひき肉を加えて色が変わるまで炒める。

Aを加え、ひと煮立ちさせたら食べやすい大きさに切った豆腐を加え、3分ほど煮る。

低温にしてBを加え、よく混ぜる。中温に戻してとろみがついたら、仕上げにごま油適量(分量外)と、お好みで小口切りにした小ねぎを散らす。

49

たこ焼きプレートで作る

プチッとコロコロコロッケ

材料 (24個分)

じゃがいも	5個	小麦粉	適量
コーン	50g	溶き卵	1個分
コンソメ（顆粒）	小さじ2	パン粉	適量
塩	少々	サラダ油	適量

じゃがいもは皮をむき、適当な大きさに切る。耐熱容器に入れて電子レンジで5分加熱する。

水気を切り、マッシャーでつぶしてなめらかにする。

コーン、コンソメ、塩を加えてゴムベラで混ぜる。

24等分し、ラップに包んでたこ焼きプレートの穴よりひと回り小さく丸める。

ラップを外し、④を小麦粉、溶き卵、パン粉の順にまぶして衣をつける。

たこ焼きプレートの穴の半分量までそれぞれサラダ油を入れて中温で熱し、⑤を入れて揚げ焼きにする。途中油を足しながらくるくる回して焼き、全体にこんがりと焼き色をつける。

余ったらお弁当の
おかずにしてもOK

北海道のソウルフードをホットプレートで♪

鮭のちゃんちゃん焼き

材料（3人分）

鮭	3切れ
もやし	1袋
キャベツ	200g
しめじ	1/2袋
バター	15g

A		
	みそ	大さじ3
	酒	大さじ2
	砂糖	大さじ1
	みりん	大さじ1

下準備

1 キャベツはざく切り、しめじは石突きを切り落としてほぐす。

加熱Start!

2 ホットプレートを中温に熱してバターを入れ、鮭を両面焼いていったん取り出す。

3 もやし、キャベツ、しめじの順でのせ、2の鮭を戻し入れ、混ぜ合わせたAを回しかけてフタをして、10分ほど蒸し焼きにする。

4 鮭に火が通ったら身をくずし、野菜と混ぜ合わせる。

みそダレ
との相性抜群！
野菜もたっぷり摂れる

牛乳とバターで
クリームソース
のような味わいに

まろやか＆クリーミー
鮭のクリームホイル焼き

材料（2人分）

鮭	2切れ
ほうれん草	1束
しめじ	1/2パック
薄力粉	大さじ2
塩・コショウ	各少々
バター	30g
牛乳	160㎖
水	100㎖

下準備

ほうれん草は3cm幅に切る。しめじは石突きを切り落としてほぐす。アルミホイルに鮭を1切れ置いて薄力粉を1/2量ふりかけ、全体にまぶす。

しめじ、ほうれん草を1/2量ずつ入れて塩・コショウをふり、バター15gをのせる。

アルミホイルの両サイドをしっかり閉じたら、牛乳80㎖を入れて密封し、漏れ予防のために二重に重ねる。これを2つ作る。

加熱Start!

ホットプレートの空いてるスペースに水を入れたら、フタをして中温で15分加熱する。

子どもから
大人まで
大好きな味！

食卓もパッと華やかに♪

ホットプレートdeぷりぷりエビマヨ

材料 (2～3人分)

むきエビ (大きめ) ……… 300g	マヨネーズ ………… 大さじ2
ブロッコリー ……………… 1/2房	A トマトケチャップ
水 ………………………… 大さじ1	…………… 大さじ1と1/2
塩 ……………………………… 少々	砂糖 ………………… 小さじ1
酒 …………………… 大さじ1と1/2	サラダ油 ………………… 大さじ1
片栗粉 ……………… 大さじ1と1/2	パセリ …………………… 適宜

下準備

ボウルにエビを入れ、塩、酒を加えて軽くもみ、片栗粉を入れてまぶす。

ブロッコリーは小房に分けて耐熱容器に入れ、水を回し入れて電子レンジで2分加熱する。

加熱Start!

ホットプレートを中温にしてサラダ油をひき、①をのせて両面焼き色がつくまで焼く。

ボウルにAを入れて混ぜ合わせる。

③に④を入れて混ぜ合わせ、全体に味がなじんだら電源をオフにする。

周りに②をのせ、お好みでパセリを散らす。

スライサーで切った
さつまいもの
食感が絶妙！

濃厚クリームソースにチーズたっぷりで召し上がれ

ミルフィーユスイートポテトグラタン

材料 (2人分)

さつまいも ················· 300g
  塩 ····················· 小さじ1/2
  ブラックペッパー ······· 適量
A 牛乳 ····················· 100㎖
  生クリーム ·············· 100㎖
  ニンニク ················· 1片
  バター ··················· 10g
ピザ用チーズ ················ 適量
パセリ ························ 適宜

下準備

1

さつまいもはスライサーなど
で薄切りにする。ニンニクは
みじん切りにする。

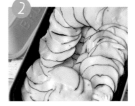

2

ホットプレートにさつまいも
を重ねて並べる。

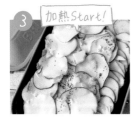

3 加熱Start!

混ぜ合わせたAを
入れ、フタをして
中温で10分加熱
する。

4

さつまいもが柔ら
かくなったらチーズ
をのせ、1〜2分フタ
をして加熱する。
チーズが溶けたら、
お好みで刻んだパ
セリを散らす。

ほくほくのおいもが美味

長いも
ピザ風焼き

材料（2人分）

長いも	400g
玉ねぎ	1個
トマトケチャップ	適量
ピザ用チーズ	適量
サラダ油	小さじ2
ドライパセリ	適宜

チーズ×ケチャップの
子どもが大好きな
組み合わせ！

下準備

1 長いもは2cmの輪切り、玉ねぎ
は薄切りにする。

加熱Start!

2 ホットプレートにサラダ油をひ
き、中温で長いもを両面焼く。

3 焼き目がついたら玉ねぎを入
れてフタをし、3分ほど蒸し
焼きにする。

4 玉ねぎがしんなりしたらトマト
ケチャップをかけてチーズを散
らし、フタをして3分ほど加熱
する。チーズが溶けたらお好
みでドライパセリを散らす。

Part 2

1品で大満足の主役級おかずレシピ

ぎょうざの皮が
もちもちの
ラザニアに変身！

重ねて焼くだけ♪

餃子の皮でじゃがいもラザニア

材料 (2人分)

餃子の皮	26枚
合いびき肉	200g
じゃがいも	3個
玉ねぎ	1個
ピザ用チーズ	たっぷり
ブラックペッパー	適量

	トマトケチャップ	大さじ4
A	ウスターソース	大さじ1
	オリーブオイル	大さじ1
	ニンニク (すりおろし)	1片分
オリーブオイル		適量
ドライパセリ		適宜

玉ねぎは薄切りにする。じゃがいもは1cm幅の厚切りにして10分ほど水にさらし、その後耐熱容器に入れて電子レンジで3分、中に火が通るまで加熱する。

ホットプレートは加熱しないで、オリーブオイルを薄く伸ばす。玉ねぎを広げ、その上にひき肉をまんべんなくのせてブラックペッパーをふる。

❷の上に餃子の皮を1/2量のせ、混ぜ合わせたAを1/2量分伸ばす。

全体にすき間なくじゃがいもを並べ、ブラックペッパーをふる。

残りの餃子の皮をのせてAを伸ばし、ピザ用チーズを散らす。フタをして中温で10分加熱する。

チーズが溶けたら、お好みでドライパセリを散らす。

Part 2
1品で大満足の主役級おかず

59

じゃがいも大量消費！

じゃがいものガレット

材料 (2人分)

じゃがいも …………… 5個	片栗粉 …………… 大さじ1
ピザ用チーズ ………… 適量	オリーブオイル …… 大さじ1
塩 ………………………… 少々	パセリ ………………… 適宜
ブラックペッパー …… 少々	

下準備

じゃがいもはスライサーなどで薄切りにしたあと、せん切りにする。

ボウルに*1*を入れて塩、ブラックペッパーをふり、片栗粉、チーズひとつかみほどを入れてよく混ぜる。

加熱Start!

ホットプレートにオリーブオイルをひき、*2*を1/2量入れて平らにし、ピザ用チーズひとつかみほどを全体に散らす。

上から*2*の残りを入れて平らにし、フタをして低温で10分ほど加熱する。焼き目がついたらひっくり返して、フタをして裏面を約3分ほど焼き、お好みで刻んだパセリを散らす。

ハッシュドポテトのような食感がクセになるおいしさ！

胃腸を休めたいときや
ダイエット中
にもオススメ

豆腐ときのこでヘルシー

豆腐のふわとろ卵あんかけ

材料 (2人分)

木綿豆腐	1丁
しめじ	1袋
えのきだけ	1/2袋
溶き卵	1個分
水溶き片栗粉	大さじ2

A		
	水	200㎖
	しょうゆ	大さじ2
	酒	大さじ2
	みりん	大さじ2
ごま油		大さじ1
小ねぎ (小口切り)		適宜
七味唐辛子		適宜

下準備

しめじは石突きを切り落としてほぐす。えのきだけは石突きを切り落として半分に切り、ほぐす。豆腐はひと口大に切る。

加熱Start!

ホットプレートにごま油をひいてしめじとえのきだけを入れ、中温でしんなりするまで炒める。

Aと豆腐を加えて混ぜる。煮立ったら水溶き片栗粉を加えて、混ぜ合わせながら加熱する。

とろみがついたら低温にし、溶き卵をゆっくり回し入れる。卵が固まったらお好みで小ねぎと七味唐辛子をふる。

カリカリじゅわっと口の中に旨みが広がる

まるで居酒屋の味！
超簡単厚揚げバターステーキ

材料 (2人分)

厚揚げ	3丁
長ねぎ	1/2本
バター	20g
ポン酢しょうゆ	大さじ2
かつお節	適量

下準備

1

厚揚げに熱湯を回しかけて、油抜きをする。キッチンペーパーで厚揚げの水気をしっかりと切り、斜め半分に切る。

2

長ねぎはみじん切りにする。

加熱Start!

3

ホットプレートを中温に熱し、バター10gを入れて溶けたら❶を焼く。片面に焼き色がついたらひっくり返し、残りのバターを入れて裏面も焼く。

4

両面こんがり焼き色がついたらポン酢しょうゆをふりかけ、かつお節、❷をのせる。

Part 3

おなかいっぱい
主食レシピ

ご飯ものから麺類まで、人気の主食系レシピが大集結！　お
肉や魚、野菜も一緒に食べられるレシピばかりなので、休日
のランチや忙しい日の夕食に大活躍してくれます。

食べ出したら
止まらない
旨辛味！

辛さとまろやかさのハーモニー♪

豚キムチーズチャーハン

材料 (2人分)

ご飯	450g
豚こま切れ肉	200g
白菜キムチ	250g
小ねぎ	1/2袋
塩・コショウ	各少々
ピザ用チーズ	適量
ごま油	大さじ1

加熱Start!

小ねぎは小口切りにする。ホットプレートにごま油をひき、豚肉を炒める。

豚肉の色が少し変わってきたらキムチを加えて炒める（キムチはトッピング用に少し残しておく）。

豚肉に火が通ったら、ご飯、小ねぎを加えて炒め合わせる（小ねぎはトッピング用に少し残しておく）。

塩・コショウで味を調え、ホットプレートの電源をオフにしてチャーハンをボウルなどで中央に丸く集める。

ホットプレートの真ん中に④を丸くのせ、残しておいたキムチと小ねぎをのせる。さらにチャーハンの周りにチーズをのせて再び低温で温め、チーズが溶けたらできあがり。

サンマの旨みが広がる！
ショウガの辛みが
アクセント！

骨まで食べられて栄養たっぷり！

サンマの丸ごと炊き込みごはん

材料（2人分）

米		2合
サンマ		2尾
しめじ		1/2袋
ショウガ		1片
塩		少々
A	水	350㎖
	白だし	大さじ1
	酒	大さじ1
	しょうゆ	大さじ1
小ねぎ		適量

下準備

1 ショウガはせん切り、小ねぎは小口切りにし、しめじは石突きを切り落としてほぐす。

加熱Start！

2 サンマは塩をふるい、ホットプレートを中温にして焼く。両面焼き目がついたらいったん取り出し、鉄板をキッチンペーパーで拭き取る。

3 米とAを入れて混ぜ、ショウガ、しめじ、サンマをのせる。フタをして高温で熱し、沸騰したら中温にして13分加熱する。

4 電源をオフにしてフタをしたまま10分蒸らし、仕上げに小ねぎを散らす。サンマをほぐして食べる。

カニ風味かまぼこ入りで旨みアップ！

あんかけチャーハン

材料（2人分）

ご飯 ……………………… 400g
カニ風味かまぼこ … 1パック
長ねぎ …………………… 1本
卵 ………………………… 2個
塩・コショウ ……… 各少々
鶏がらスープの素（顆粒）
　………………………… 大さじ1
ごま油 ………………… 大さじ2
グリンピース ………… 適宜

＜あん＞

水 ………………………… 350㎖
鶏がらスープの素（顆粒）
　………………………… 大さじ1/2
砂糖 …………………… 小さじ2
しょうゆ ……………… 小さじ2
オイスターソース　小さじ2
片栗粉 ………………… 大さじ1

下準備

カニ風味かまぼこは手で割り、長ねぎはみじん切りにする。ボウルに卵を入れて溶き、ご飯を加えて混ぜる。

加熱Start!

ホットプレートにごま油大さじ1をひいて中温で熱し、長ねぎを入れて炒め、しんなりしてきたら、残りのごま油と*1*のご飯を入れて炒める。

カニ風味かまぼこを加えて混ぜ合わせ、塩・コショウ、鶏がらスープの素を加えて炒め合わせる。

耐熱皿にあんの材料を入れて混ぜ合わせ、片栗粉を完全に溶かしてから電子レンジで1分加熱して混ぜ、とろみがつくまであと2回くり返す。

*3*の真ん中にスペースを空けて*4*を流し込み、お好みでグリーンピースをのせる。

アツアツのあんにご飯を絡めて召し上がれ♪

66

肉とネギの旨みを濃縮した絶品タレでご飯がすすむ

焼き鳥ライス

こってりダレと
卵黄が絡んで
極上の味

材料 (2人分)

ご飯	300g	サラダ油	適量
鶏もも肉	2枚	小ねぎ	適量
長ねぎ	2本	のり (刻み)	適量
A 酒	大さじ4	卵黄	1個
砂糖	大さじ3		
みりん	大さじ4		
しょうゆ	大さじ4		

下準備

1

長ねぎは5cm
幅に切り、小
ねぎは小口切
りにする。

2

鶏肉はひと口大に切る。

加熱Start!

3

ホットプレートにサラ
ダ油をひいて中温で熱
し、鶏肉を焼く。焼き
色がついたら長ねぎを
入れる。

4

全体に焼き色がついた
ら、Aを加えて混ぜな
がら煮詰める。鶏肉に
火が通り、とろみがつい
たら電源をオフにする。

5

スペースを空けてご飯
を盛り、のりをのせる。
中央に小ねぎを散らし、
卵黄をのせる。

67

ナンプラーなし
だから小さな子でも
パクパク食べられる

おうちにある食材で簡単♪　1品で大満足！

ガパオライス

材料 (2人分)

ご飯	450g
鶏ももひき肉	250g
玉ねぎ	1/2個
なす	1本
パプリカ（赤・黄）	各1/2個
ニンニク	1片
バジル	10～15枚
卵	2個

A
オイスターソース	大さじ2
しょうゆ	小さじ1
鶏がらスープの素（顆粒）	小さじ1
砂糖	小さじ2
水	40mℓ

オリーブオイル　大さじ1

下準備

1. 玉ねぎ、なす、パプリカはそれぞれ粗みじん切り、ニンニクはみじん切りにする。バジルは10枚ほどを手でちぎり、残りはトッピング用に残しておく。

加熱Start!

2. ホットプレートにオリーブオイルとニンニクを入れて低温で熱し、香りが出てきたらひき肉を入れてほぐしながら炒める。

3. 色が変わったら玉ねぎ、なす、パプリカを入れてしんなりするまで炒める。

4. ちぎったバジル、Aを加えて炒める。

5. スペースを空けてご飯を入れ、④の上に少しくぼみを作って卵をのせる。

6. フタをして卵がお好みの固さになるまで待ち、仕上げに残しておいたバジルをのせる。

甘じょっぱいそぼろと
パンチのあるキムチの
組み合わせにハマる人続出！

ピリ辛味でご飯がすすむ！

キムチそぼろ飯

材料 (2人分)

ご飯		450g
合いびき肉		200g
白菜キムチ		200g
卵黄		2個
A	砂糖	大さじ1
	しょうゆ	大さじ1
	酒	大さじ1
ごま油		大さじ1
小ねぎ		適宜
炒りごま (白)		適宜

1 加熱Start!

ホットプレートにごま油をひき、ひき肉を入れて中温で炒める。肉の色が変わったらキムチを入れてさらに炒める。

2 Aを入れて混ぜ合わせ、ご飯を入れるスペースを空ける。

3 空いてるスペースにご飯をのせる。

4 ひき肉の上に卵黄をのせ、お好みで小口切りにした小ねぎ、炒りごまを散らす。

とろ～りチーズが食欲をそそる

熱々カレードリア

> 特別な香辛料不要
> 調味料少なめ
> だから作りやすい

材料 (2～3人分)

ご飯	400g
豚ひき肉	300g
玉ねぎ	1/2個
にんじん	1/2個

A
ニンニク (すりおろし)	1片分
トマトケチャップ	大さじ2と1/2
ウスターソース	大さじ2
カレー粉	大さじ1
サラダ油	小さじ2

ピザ用チーズ	適量
サラダ油	小さじ2
パセリ	適宜

下準備

1

玉ねぎとにんじんはみじん切りにする。

加熱Start!

2

ホットプレートを中温に熱してサラダ油をひき、*1*を入れて炒める。しんなりしてきたらひき肉を入れ、3分ほど炒める。

3

火が通ったら**A**を入れ、全体になじんだらご飯を加えて炒め合わせ、均等に広げる。

4

ピザ用チーズを散らして低温で3分ほど加熱し、ピザ用チーズが溶けたらお好みでパセリを散らす。

肉巻きおにぎり

材料（16個分）

ご飯	450g
豚ももスライス肉	16枚
大葉	8枚
ピザ用チーズ	50g
塩	小さじ1
炒りごま（白）	適量
A しょうゆ	大さじ3
砂糖	大さじ1
みりん	大さじ1
水	大さじ1/2
サラダ油	適量
小ねぎ	適宜

下準備

1 大葉はみじん切りにしてボウルに入れ、ご飯、チーズ、塩、炒りごまを加えて混ぜ合わせる。

2 ①を16等分にしてラップに包み、たこ焼きプレートの穴よりひと回り小さいサイズににぎる。

3 ラップを外し②に豚肉を1枚ずつ巻く。

加熱Start！

4 たこ焼きプレートにサラダ油をひき、③を入れ、中温でコロコロと転がしながら全体をまんべんなく焼く。

5 混ぜ合わせたAを加えて煮詰め、お好みで小口切りにした小ねぎを散らす。

休日のランチに！
大人のおつまみに！
お弁当にもピッタリ♪

調味料は3つだけ！
炊飯器で作るよりも
時短でおいしい♪

塩昆布で味が決まる！

ホタテ塩昆布炊き込みご飯

材料 (2人分)

米	……………………	2合
ホタテ	……………………	10個
舞茸	……………………	1/2パック
塩昆布	……………………	10g
A しょうゆ	…………	大さじ1
酒	……………………	大さじ1
水	……………………	350㎖
小ねぎ	……………………	適宜

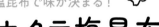

1 米を研いで水切りしたら、ホットプレートに広げる。

2 舞茸の石突きを切り落としてほぐす。ホタテ、舞茸をのせて、混ぜ合わせたAを入れる。

3 塩昆布を散らしたらフタをし、中温で13分加熱する。

4 フタをしたまま電源をオフにして5分ほど放置して蒸らし、仕上げにお好みで小口切りにした小ねぎを散らす。

ご飯に鮭ときのこの旨みが凝縮！

鮭と舞茸のご飯

材料 (2人分)

米	2合	水	350㎖
鮭	2尾	A しょうゆ	大さじ2
舞茸	1パック	白だし	大さじ2
小ねぎ	適量	ごま油	大さじ1

下準備

舞茸は石突きを切り落としてほぐす。小ねぎは小口切りにする。米は研いで水切りしておく。

ホットプレートに米を入れて、平らにならす。

加熱Start!

鮭、舞茸をのせたらAを加え、フタをして中温で15分熱する。

電源をオフにしてフタをしたまま5分ほど放置して蒸らす。仕上げに小ねぎを散らし、鮭をほぐしてよく混ぜる。

パエリア風に
仕上げた
もちもちご飯が絶品

卵をinして
召し上がれ!

完成!

バター香る♪ クセになる味わい

本格! 明太高菜チャーハン

材料 (2～3人分)

ご飯	400g
高菜	80g
明太子	100g
卵	2個
小ねぎ	1本
ごま油	小さじ2
バター	15g
炒りごま (白)	大さじ1

下準備

小ねぎは小口切りにする。

加熱Start!

ホットプレートを中温に熱してごま油をひき、高菜を炒める。

ご飯、炒りごまを入れて炒めたら、皮から身を取り出した明太子の1/2量を入れて炒め合わせる (残りはトッピング用に残しておく)。

ボウルなどで中央に丸く集めたら、小ねぎ、残りの明太子、バターをのせる。

最後に、卵を溶いて空いているスペースに流し入れ、全体を混ぜ合わせてパラパラに炒めてからいただく。

ガツンとボリューム満点！

ガーリックチキンステーキライス

材料 (2人分)

ご飯	300g
鶏もも肉	1枚
玉ねぎ	1個
ニンニク	2片
塩・コショウ	各少々

A	
塩	少々
ブラックペッパー	少々
バター	20g
しょうゆ	大さじ1
オリーブオイル	大さじ1
パセリ	適宜

1 下準備

玉ねぎはみじん切りにする。ニンニクは1片はみじん切りにして、残りは薄切りにする。

2 加熱Start!

ホットプレートにオリーブオイルをひいて低温で熱し、薄切りにしたニンニクを入れる。薄く焼き色がついたらいったん取り出す。

3

油は拭き取らずに、塩・コショウをふった鶏肉を皮目から入れ、中温で熱する。皮がパリパリに焼けたらひっくり返し、フタをして中まで火を通す。両面焼けたら取り出す。

4

油は拭き取らずにこげがあれば取り除き、みじん切りにしたニンニクと玉ねぎを入れ、玉ねぎが透明になるまで炒める。ご飯を加えて炒め、Aを加えてさらに炒める。

5

鶏肉をカットしてのせ、②のニンニクをのせ、お好みでパセリを散らす。

ニンニクのW使いで旨みが劇的アップ！

カラフル野菜で彩りも抜群

チキンパエリア

材料 (2人分)

米	1.5合
鶏もも肉	300g
パプリカ (赤・黄)	各1/2個
グリーンアスパラガス	2本
エリンギ	1/2パック

玉ねぎ	1/2個
ニンニク	1片
A 水	350㎖
A コンソメ (顆粒)	大さじ1
A 塩	小さじ1/2
A コショウ	少々
オリーブオイル	大さじ2

下準備

鶏肉は食べやすい大きさに切る。パプリカは1cm幅の棒状に切り、グリーンアスパラガスは半分の長さに切ったあと、縦半分に切る。エリンギは乱切り、玉ねぎとニンニクはみじん切りにする。

加熱Start!

ホットプレートを中温～高温に熱してオリーブオイルを1/2量ひき、鶏肉を焼く。両面焼き目がついたらいったん取り出す。

オリーブオイルを1/2量入れて中温で熱し、玉ねぎ、ニンニクを入れて4～5分炒める。

研いで水切りした米を加えて色が透き通るまで炒め、Aを加えて混ぜて平らに広げる。

残りの①、②を並び入れる。フタをして煮立ったら低温で15分加熱後、高温で30秒加熱し、電源を切ってフタをしたまま5～6分蒸らす。

具材たっぷり
カリカリ
おこげもおいしい

牛乳で作ったとは
思えない
濃厚なおいしさ

麺の別ゆで不要で手間要らず！

簡単時短！ 濃厚明太パスタ

材料（2人分）

A	スパゲティ	200g
	鶏がらスープの素（顆粒）	小さじ2
	砂糖	小さじ2
	水	400㎖

B	牛乳	200㎖
	明太子（ほぐしたもの）	2本
	マヨネーズ	大さじ2
	ブラックペッパー	適量
C	明太子（ほぐしたもの）	1本
	小ねぎ（小口切り）	適量
	刻みのり	適量

加熱Start!

1

セラミックコート鍋にAを入れ、フタをして高温で熱する。

2

沸騰したら麺をほぐし、再びフタをして中温〜高温でスパゲティの袋の表示時間通りにゆでる。

3

保温にして麺をほぐし、固さを確認する（固い場合は、好みの固さになるまでゆで時間を追加する）。

4

Bを加えて全体によく混ぜる。

5

ブラックペッパーをふり、Cをのせる。

まるで人気店の味！

モッツァレラトマトパスタ

材料（2人分）

スパゲティ	………	200g
モッツァレラチーズ	……	100g
玉ねぎ	………	1/2個
ニンニク	………	1片
バジル	………	10枚

A	カットトマト缶	……… 1缶
	水	……… 200㎖
	塩	……… 小さじ1/2
	コンソメ（顆粒）	…… 小さじ1
オリーブオイル	………	大さじ1

下準備

玉ねぎとニンニクはみじん切りにする。モッツァレラチーズはひと口大に切る。

加熱Start!

セラミックコート鍋にオリーブオイル、ニンニクを入れて低温でじわじわと熱する。香りが出てきたら玉ねぎを加えてさらに炒める。

玉ねぎがしんなりとしたら**A**を入れてフタをし、沸騰したらスパゲティを加え、中温にしてフタをし、袋の表示時間通りにゆでる。

スパゲティをほぐしながらよく混ぜ、モッツァレラチーズとバジルをちぎって入れて混ぜる。お好みでトッピング用にバジル（分量外）をのせる。

> 簡単なのに
> おしゃれでおいしいから
> おもてなしにも

昔懐かしい味わい

喫茶店風鉄板ナポリタン

材料（2人分）

スパゲティ	200g	トマトケチャップ	大さじ4
玉ねぎ	1/2個	卵	2個
ピーマン	2個	牛乳	大さじ1と1/2
ウインナー	5本	サラダ油	小さじ2
水	400mℓ	粉チーズ	適宜
コンソメ（顆粒）	小さじ1/2	ドライパセリ	適宜

シンプルイズベスト！
何度でも
食べたくなる味

下準備

1

玉ねぎは薄切り、ピーマンは種とワタを取り除いて5mm幅の輪切り、ウインナーは斜めに薄切りにする。

加熱Start!

2

ホットプレートを中温に熱してサラダ油をひき、*1*を入れてしんなりするまで炒める。

3

水を入れたらフタをして沸騰させ、コンソメ、スパゲティを加える。スパゲティの具材が上にくるように混ぜたらフタをし、スパゲティの袋の表示時間通りにゆでる（途中何回かフタを開けて混ぜる）。

4

トマトケチャップを加えて全体に混ぜ合わせる。

5

左右にスペースを空けたら、ボウルに卵を割り入れて牛乳を加えて溶き、空けたスペースに流し入れる。

6

卵が好みの固さになったら電源をオフにし、お好みで粉チーズ、ドライパセリを散らす。卵を和えながら食べる。

疲れたときに食べたいスタミナメニュー

豚肉の塩昆布パスタ

材料 (2人分)

A

スパゲティ	200g
キャベツ	200g
豚こま切れ肉	100g
小ねぎ	20g
塩昆布	30g
和風だしの素 (顆粒)	小さじ1
ニンニク (チューブ)	小さじ1
水	400㎖
ごま油	大さじ1
刻みのり	適量

下準備

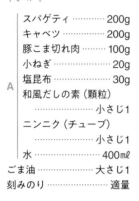

1 キャベツはざく切りに、小ねぎは小口切りにする。

加熱Start!

2 セラミックコート鍋にAを入れ、フタをして中温で熱する。

3 沸騰したらフタを開けてスパゲティをほぐし、再びフタをしてスパゲティの袋の表示時間通りにゆでる。

4 フタを開けてごま油を入れたら全体的に混ぜ、仕上げに刻みのりをのせる。

豚肉とニンニクで
疲労回復効果
満点♪

牛乳とチーズで
濃厚クリーミーな
仕上がりに

生クリームなしで絶品！ ブラックペッパーがアクセント

濃厚ツナクリームパスタ

材料 (2人分)

A	スパゲティ	200g
	ツナ缶	1缶
	玉ねぎ	1/2個
	水	400㎖
	コンソメ（顆粒）	大さじ1
牛乳		200㎖
ピザ用チーズ		60g
ブラックペッパー		適量

下準備

ツナ缶は油を切っておく。玉ねぎは薄切りにする。

加熱Start!

セラミックコート鍋にAを入れてフタをし、中温で加熱する。

沸騰したらスパゲティをほぐしながら混ぜて、再びフタをしてスパゲティの袋の表示時間通りにゆでる。

麺の固さを確認してから、牛乳、チーズを入れて混ぜる。少し煮詰め、仕上げにブラックペッパーをふる。

オーブン不要で手軽にできる

マカロニグラタン

材料 (2人分)

マカロニ	………………	100g
鶏もも肉	………………	1枚
玉ねぎ	………………	1/2個
ほうれん草	…………	100g
しめじ	………………	1/2袋

パン粉	…………	大さじ3
塩・コショウ	………	各少々
水	…………	300mℓ
小麦粉	…………	大さじ2
牛乳	…………	200mℓ

コンソメ (顆粒)	…	大さじ1
ピザ用チーズ	…………	適量
オリーブオイル	…	大さじ1
バター	…………	20g

子どもから大人まで
大好きな味

84

① 下準備

鶏肉はひと口大に切る。玉ねぎは薄切り、ほうれん草は5cm長さに切る。しめじは石突きを切り落としてほぐす。

② 加熱Start!

ホットプレートを中温で熱してオリーブオイルをひき、パン粉を焼く。茶色になったらいったん取り出す。

③

バターを入れて鶏肉を焼き、焼き目がついたら玉ねぎ、しめじを加えて焼き、塩・コショウをふる。

④

水を入れて沸騰したらマカロニを加え、フタをして4分熱する。

⑤

小麦粉を入れてダマにならないように混ぜながら、牛乳を少しずつ加える。

⑥

コンソメ、ほうれん草を入れてフタをし、1分熱したら軽く混ぜる。

⑦

チーズを入れてフタをし、チーズが溶けたら②を散らす。

残業で腹ぺこの日にも
休日のブランチにも
最適な時短メニュー

ホットプレートに材料を入れるだけ！

簡単時短トマトクリームパスタ

材料 (2人分)

スパゲティ	……………………	200g
玉ねぎ	…………………	1/2個
ベーコン	…………………	50g
A	トマト缶 ……………	1缶
	鶏がらスープの素（顆粒）	
	…………………………	小さじ2
	砂糖 ………………	小さじ2
	しょうゆ ………………	小さじ2
	ニンニク（すりおろし）	
	…………………………	小さじ1
	水 …………………	400㎖
牛乳	…………………	200㎖
ブラックペッパー	………	適量

下準備

1

玉ねぎは薄切り、ベーコンは
長さ7cmほどの短冊切りにす
る。

加熱Start!

2

セラミックコート鍋に玉ねぎ、
ベーコン、スパゲティ、**A**を入
れてフタをして中温で熱し、
沸騰したらスパゲティの袋の
表示時間通りにゆでる。

3

フタを開けて麺をほぐしてよ
く混ぜ、牛乳を加えてさらに
混ぜる。

4

仕上げにブラックペッパーを
ふる。

オイスターソースと白だしで絶品！

自慢の焼きうどん

材料 (2人分)

うどん ………………… 2玉
豚こま切れ肉 ……… 160g
玉ねぎ ……………… 1/2個
キャベツ …………… 150g
長ねぎ ……………… 1/2本
にんじん …………… 1/2本
塩・コショウ …… 各少々

A
　オイスターソース
　　…… 大さじ1と1/2
　しょうゆ …… 大さじ1
　白だし …… 大さじ1/2
　砂糖 ………… 小さじ1
　塩・コショウ
　　………………… 各少々

サラダ油 ……… 大さじ1
卵 …………………… 2個
かつお節 …………… 適量
小ねぎ ……………… 適量

下準備

玉ねぎは半月切り、キャベツはひと口大、長ねぎは斜め切り、にんじんは細切り、小ねぎは小口切り。豚肉は食べやすい大きさに切り、塩・コショウをふる。

加熱Start!

ホットプレートを中温で熱してサラダ油をひき、豚肉を焼く。

豚肉に軽く焼き目がついたら野菜を入れて炒める。

野菜がしんなりしたらうどんを入れ、Aを加えて混ぜながら焼く。仕上げに、卵をのせてかつお節、小ねぎを散らす。

生卵と絡めて
すき焼き風に
召し上がれ

山口の郷土料理を
ホットプレートで
簡単アレンジ！

輪切りレモンでさっぱり

瓦そば

材料（2人分）

茶そば	200g	片栗粉	大さじ1/2
牛肉薄切り肉	250g	しょうゆ	大さじ1
卵	2個	砂糖	大さじ1/2
小ねぎ	4本	みりん	大さじ1/2
レモン	1/2個	もみじおろし（市販）	適量
のり（または刻みのりでも可）		めんつゆ	適量
	適量	サラダ油	適量

下準備

1

小ねぎは小口切り、レモンは4枚にスライス。のりは細く刻む。

加熱Start!

2

卵に片栗粉を入れて混ぜ合わせ、低温にしたホットプレートに流し込む。すぐ電源をオフにしてフタをして3分ほど蒸らし、まな板に移してせん切りにする。

3

ホットプレートを中温にしてサラダ油をひき、食べやすい大きさに切った牛肉を焼く。しょうゆ、砂糖、みりんを加えて混ぜ合わせ、さらに焼いていったん取り出す。ホットプレートに残ったタレはキレイに拭き取る。

4

茶そばをゆでてザルで湯切りし、ホットプレートにサラダ油をひいて焼く。少し焼き目がついたら全体に広げ、上に①、②、③、もみじおろしをトッピングする。めんつゆにつけて食べる。

暑い日に食べたい
スタミナメニュー！

楽しく食べて
栄養バランスも
バッチリ！

ピリ辛
豚そうめん

材料（2人分）

そうめん	2束
豚こま切れ肉	200g
ニラ	50g
長ねぎ	1本
もやし	1袋
酒	大さじ2
めんつゆ	適量
水	適量
炒りごま（白）	適量

A	コチュジャン	大さじ1
	しょうゆ	大さじ1
	砂糖	大さじ1
	酢	大さじ1

Part
3
おなかいっぱい主食レシピ

下準備

1 ニラは4cm幅に切る。長ねぎは小口切りにする。

加熱Start!

2 ホットプレートにもやし、ニラの順に広げ、豚肉をのせる。酒をふりかけたらフタをし、中温で8分熱する。

3 その間にそうめんをゆでて水切りし、めんつゆと水を合わせておく。

4 ②に混ぜ合わせたAを入れ、炒りごま、長ねぎをのせる。

5 ④とゆでたそうめんを一緒に取り、めんつゆにつけて食べる。

ニンニクじょうゆ香る

鉄板焼きラーメン

材料 (2人分)

焼きそば麺	2袋
豚薄切り肉	100g
キャベツ	150g
A 酒	大さじ1
砂糖	小さじ1/2
しょうゆ	大さじ1
ニンニク (すりおろし)	小さじ1/2
鶏がらスープの素	小さじ1
ウスターソース	大さじ1
水	100㎖
ごま油	大さじ1
小ねぎ	適量
紅ショウガ	適量

下準備

1 キャベツは食べやすい大きさに切り、小ねぎは小口切りにする。

加熱Start!

2 ホットプレートを中温に熱してごま油をひき、食べやすい大きさに切った豚肉を入れて両面焼いたらキャベツを加え、しんなりするまで炒める。

3 焼きそば麺、Aを加え、混ぜながら水分が少し残る程度まで炒める。

4 仕上げに小ねぎ、紅ショウガをのせる。

いつもの
焼きそばに飽きたら
食べたい！

90

Part 4

ほっこり温まる

絶品
鍋レシピ

パーティにぴったりのブーケ鍋から、手軽に作れるヘルシー鍋まで、さまざまなシチュエーションで楽しめる鍋レシピを大公開。鍋を囲んで家族や友人と団欒の時間を楽しみましょう。

花束みたいな見た目でパーティにもピッタリ♪

ブーケ鍋

材料 (2〜3人分)

豚薄切り肉 ················ 300g
にんじん ············ 1本 (150g)
大根 ······················ 1/2本
水菜 ······················ 1/2袋

えのきだけ ················ 1/2袋
白菜 ······················ 1/4個
お好みのスープの素 ······ 適量

下準備

にんじんと大根はピーラーで薄切りにする。

水菜は4cm長さに切り、えのきだけは石突きを落としてほぐす。白菜は、葉先と芯の部分を分け、ざく切りにする。

白菜の芯の部分をセラミックコート鍋に敷き詰め、上に水菜の茎部分をのせて鍋底を平らにしたあと、白菜の葉先を鍋ふちに盛りつける。

薄切りにしたにんじん3枚は、1枚目はきつめに巻いて花の芯を作り、2枚目は覆うように巻き、3枚目はゆるめに巻いて花を作る。残りのにんじん、大根も同じように巻く。

豚肉は、1枚目を軽く巻き、2枚目は1枚目を覆うように巻いて、花を作る。

加熱Start!

❹、❺を鍋に彩りよく詰め、すき間に水菜、えのきだけを詰める。お好みのスープの素を入れ、加熱して食べる。

野菜やお肉を
くるくる巻けば
可愛いお花の完成！

すりごまを
たっぷり入れれば
コクと風味がアップ！

家庭にある調味料で本格的な味わいに

コクと香りが広がる坦々鍋

材料 (2～3人分)

豚ひき肉	200g
豚バラ薄切り肉	200g
チンゲン菜	1袋
ニラ	1/3束
しめじ	1パック
もやし	1袋
ニンニク (すりおろし)	1片分
ショウガ (すりおろし)	1片分
豆板醤	小さじ2

	豆乳	300㎖
	鶏がらスープの素 (顆粒)	大さじ1と1/2
A	みそ	大さじ3
	砂糖	大さじ2
	水	500㎖
	ニンニク (すりおろし)	1片分
	ショウガ (すりおろし)	1片分
ごま油		大さじ2
すりごま (白)		大さじ3

下準備

チンゲン菜は食べやすい大きさに、ニラは4cm幅に切る。しめじは石突きを切り落としてほぐす。

加熱Start!

ごま油をセラミックコート鍋に入れて中温に加熱し、ひき肉を加えて色が変わるまで焼く。ニンニク、ショウガ、豆板醤を加えて全体を炒め合わせ、いったん取り出す。

Aをすべて入れて混ぜる。

もやし、チンゲン菜、しめじ、豚肉を入れて中温に熱し、ひと煮立ちさせる。

ニラ、②を加える。

再度加熱し、煮立ったらすりごまを加える。

食物繊維もたっぷり！
あっさりだから
無限に食べられる

豚薄切り肉でできる！

もつ鍋より旨いもつ鍋風

材料（2〜3人分）

豚薄切り肉	250g
ごぼう	2本
キャベツ	1/4個
ニラ	1束
もやし	1袋
豆腐	1丁
ニンニク	2片
赤唐辛子（小口切り）	1〜2本分

炒りごま（白）		適量
	和風だしの素（顆粒）	大さじ1
	水	800㎖
A	しょうゆ	大さじ3
	みりん	大さじ3
	酒	大さじ1
	ニンニク（チューブ）	3㎝
ごま油		小さじ2

ごぼうは削ぎ切りにして水（分量外）に浸し、アクを抜く。キャベツはざく切り、ニラは5㎝長さ、ニンニクは薄切りにする。

加熱Start!

セラミックコート鍋にA、ごぼうを入れてフタをし、中温〜高温で加熱する。

煮立ったら豚肉を入れ、全体的に肉の色が変わるまで加熱する。

キャベツ、もやし、食べやすい大きさに切った豆腐を入れてフタをし、さらに15分ほど加熱する。

豚肉に火が通ったらニラ、ニンニク、赤唐辛子、炒りごまをのせ、仕上げにごま油をかける。

濃厚クリーミーな罪の味

贅沢クリームの誘惑カルボ鍋

材料 (2~3人分)

鶏もも肉	……………………	250g
ベーコン	……………………	50g
白菜	……………………	1/8個
しめじ	……………………	1袋
ブロッコリー	……………………	1/2株

	豆乳	……………	400mℓ
A	水	……………	400mℓ
	コンソメ（顆粒）	…	大さじ1
B	生クリーム	…………	100mℓ
	卵黄	……………	2個
オリーブオイル	……	小さじ2
粉チーズ	……………………	大さじ3
ブラックペッパー	…………	適量

> おしゃれな洋風鍋で
> 贅沢気分が
> 味わえる♪

下準備

白菜は4cm長さに切る。しめじは石突きを切り落としてほぐす。ブロッコリーは小房に分ける。ベーコンは1.5cm幅に切り、鶏肉はひと口大に切る。

加熱Start!

中温に熱したセラミックコート鍋にオリーブオイルをひき、ベーコンと鶏肉を入れて炒める。

肉に焼き色がついたら、白菜、ブロッコリー、しめじを並べ入れ、**A**を加えて低温～中温で10分ほど煮る。

ボウルなどに**B**を入れて混ぜ合わせ、**3**に加えてよく混ぜる。仕上げに粉チーズとブラックペッパーをふる。

Part 4　ほっこり温まる鍋レシピ

野菜不足のあなたへ捧ぐ

豚肉と白菜のねぎまみれ鍋

材料 (2～3人分)

豚薄切り肉	250g
白菜	200g
長ねぎ（白い部分）	2本
小ねぎ	5～6本
もやし	1袋
ブラックペッパー	適宜
＜スープ＞	
水	700mℓ
和風だしの素（顆粒）	小さじ2
＜塩ダレ＞	
水	100mℓ
鶏がらスープの素（顆粒）	
	大さじ2
片栗粉	大さじ2～3
塩	小さじ2
コショウ	多めの適量
炒りごま（白）	大さじ1
しょうゆ	小さじ1
酒	大さじ2
ニンニク（チューブ）	5cm
ごま油	大さじ1

下準備

白菜は4cmざく切り、長ねぎと小ねぎは小口切りにする。

セラミックコート鍋にもやし、白菜を敷き詰め、スープの材料を注ぎ入れる。

②の上に豚肉を一面に敷き詰め、ブラックペッパーをふる。

加熱Start!

③の上に長ねぎをのせる。混ぜ合わせておいた塩ダレの材料を回しかけ、高温で加熱する。豚肉に完全に火が通ったらフタを開け、小ねぎをのせる。

野菜たっぷりでヘルシー
ニンニク入りで
スタミナも満点♪

ショウガたっぷりで体の芯から温まる

絶品! 鶏汁

材料 (2～3人分)

鶏もも肉 ···················· 2枚
えのきだけ ·················· 1袋
玉ねぎ ······················ 1個
豆腐 ························· 1丁
ショウガ (すりおろし)···· 1片分

A
水 ······················ 800㎖
酒 ······················ 100㎖
白だし ·············· 大さじ1
しょうゆ ············ 大さじ2
鶏がらスープの素 (顆粒)
······················· 大さじ2
ごま油 ···················· 大さじ1
小ねぎ ···················· 適宜

> シンプルな材料でパパッと♪
> ほっと温まる
> やさしい味わい

下準備

鶏肉はひと口大に切る。玉ねぎは薄切り、えのきだけは石突きを落としてほぐす。豆腐は食べやすい大きさに切る。

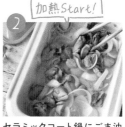

加熱Start!

セラミックコート鍋にごま油をひいて中温で加熱し、鶏肉を焼き、焼き色がついたら玉ねぎを入れる。

Aとショウガを入れる。

豆腐とえのきだけを加えたらフタをし、中温で5分ほど煮込む。仕上げにお好みで小口切りにした小ねぎを散らす。

Part 4 ほっこり温まる絶品鍋レ

キムチのせ大根ミルフィーユ

材料（2〜3人分）

豚バラ薄切り肉		300g
大根		1/2本
白菜		1/8個
ニラ		50g
白菜キムチ		200g
A	水	800mℓ
	和風だしの素（顆粒）	小さじ2
	みそ	大さじ2
	ごま油	小さじ1

下準備

1 大根は薄切り、白菜はざく切り、ニラは4cm長さに切る。豚肉はひと口大に切る。

加熱Start!

2 セラミックコート鍋に白菜を敷き詰め、大根と豚肉を交互に並べる。

3 ❷に混ぜ合わせたAを注ぎ入れる。

4 キムチとニラをのせたらフタをし、中温で15〜20分ほど煮込む。

みそとキムチの旨みたっぷりで汁までおいしい！

山いもときのこの
食物繊維で
おなかスッキリ！

柚子の香りが食欲をそそる

腸活！とろろ鍋

材料（2〜3人分）

山いも	250g	エリンギ	50g
白菜	1/8個	しいたけ	50g
長ねぎ	1本	めんつゆ	300mℓ
えのきだけ	100g	水	600mℓ
		柚子の皮	1〜2個分

下準備

1 白菜は芯と葉を切り分けて、繊維に沿って細切り、葉はざく切りにする。長ねぎは斜め切り、えのきだけは石突きを落としてほぐし、エリンギは薄切り、しいたけは笠と軸とを切り離し、飾り切りを入れる。山いもと柚子の皮はそれぞれすりおろす。

加熱Start!

2 セラミックコート鍋にめんつゆと水を入れたらフタをし、高温で沸騰するまで待つ。

3 ②に白菜、長ねぎ、エリンギ、えのきだけ、しいたけを入れて再びフタをする。

4 5〜10分ほど煮込んで野菜が柔らかくなったら、すりおろした山いもと柚子の皮をのせる。

具材は3つだけ！
調味料も少なめで
すぐできる♪

新しい食感がクセになる！

なすしゃぶ

材料（2〜3人分）

なす	……………………	4本
豚薄切り肉	…………………	300g
長ねぎ	………………………	1本
A	鶏がらスープの素（顆粒） ………………… 大さじ3	
	めんつゆ …………	大さじ3
	水 …………………	800㎖
ごま油	…………………	大さじ1

1 なすはピーラーで薄切りにする。長ねぎは青い部分を小口切り、白い部分を斜め切りにする。

加熱Start!

2 セラミックコート鍋を中温に加熱してごま油をひき、温まったらなすを入れて炒める。

3 なすがしんなりしたらAを加え、沸騰したら長ねぎの白い部分を加える。

4 フタをして5分ほど煮込んだら長ねぎの青い部分を加える。豚肉をしゃぶしゃぶして、なすと長ねぎを巻きながら食べる。

Part

5

||||||||||||||||||

お酒がすすむ！

おつまみ
レシピ

おうち飲みを楽しみたいときにもホットプレートが大活躍！
ビールや焼酎、ワインまで、幅広いお酒に合うつまみレシピ
を考案しました。ホットプレートで作るだけで、贅沢な気分
が味わえます。

野菜でカサ増し！
おなかがしっかり
満たされる

キャベツともやしたっぷり！

大きなとんぺい焼き

材料 (2人分)

豚こま切れ肉	200g	酒	大さじ2
キャベツ	1/4個	サラダ油	適量
卵	3個	お好みソース	適量
もやし	1袋	マヨネーズ	適量
片栗粉	大さじ1	かつお節	適量
水	大さじ2	青のり	適量
塩・コショウ	各少々		

下準備

キャベツは3mm幅ほどのせん切りにする。

加熱Start!

ボウルに片栗粉と水を混ぜ合わせ、卵を割り入れて塩・コショウをふり混ぜる。ホットプレートを中温にしてサラダ油をひき、卵液を流し入れてフタをし、蒸し焼きにする。1分30秒ほど熱して固まってきたらいったん取り出す。

ホットプレートにサラダ油をひき、中温で豚肉を炒める。焼き色がついたらもやしを加えて炒め合わせ、塩・コショウをふってさらに炒める。

キャベツをのせ、酒をふり入れたらフタをして、7分ほど蒸し焼きにする。

❷をのせ、仕上げる。お好みソース、マヨネーズをかけてかつお節、青のりを散らす。

Cheers!

豆腐をくずしながら召し上がれ♪

丸ごと豆腐の純豆腐

材料 (2人分)

絹ごし豆腐	1丁
豚こま切れ肉	200g
えのきだけ	1/2袋
ニラ	1/4袋
もやし	1袋
白菜キムチ	100g

A
ニンニク（すりおろし）	大さじ1
コチュジャン	大さじ1
鶏がらスープの素（顆粒）	小さじ1
酒	大さじ2
みそ	大さじ1と1/2
しょうゆ	小さじ1
一味唐辛子	少々
水	350mℓ

塩・コショウ	各少々
ごま油	適量
小ねぎ	適宜

> みそ入りで
> コクがアップ！
> クセになるおいしさ

下準備

えのきだけは石突きを落としてほぐし、ニラは5〜6cm長さに切る。小ねぎは小口切りにする。

加熱Start!

ホットプレートにAを入れてよく混ぜ、中温に熱したらもやしを入れる。

さらに豚肉、えのきだけ、キムチを加える。アクを除き、塩・コショウで味を調える。

豆腐、ニラを加えて豆腐が温まるまで加熱し、ごま油を回し入れる。小ねぎを散らす。

Part 5 お酒がすすむおつまみレシピ

一度にいろいろ食べられる♪

彩り鮮やか！3種野菜の串焼き

材料 (2人分)

<ズッキーニモッツァレラ>	**<トマトベーコン巻き>**	塩・コショウ ………… 各少々
（4本分）	（4本分）	サラダ油 …………… 適量
ズッキーニ ………… 1/2本	ベーコン ……………… 4枚	
モッツァレラチーズ … 100g	ミニトマト …………… 12個	
	<豚バラレタス>（3本分）	
	豚バラ薄切り肉 ……… 6枚	
	レタス ………………… 8枚	

下準備

①

ズッキーニは縦半分に切り、ピーラーで12枚スライスする。モッツァレラチーズはひと口大に切り、12等分にする。

②

ズッキーニでモッツァレラチーズを巻き、巻き終わりを串に刺す。串1本につき3つ刺し、同じものを4本作る。

③

ベーコンは縦半分に切る。

④

ミニトマトをベーコンで巻き、巻き終わりを串に刺す。串1本につき3つ刺し、同じものを4本作る。

おつまみとしてはもちろん
夕食のおかずや
お弁当にもおすすめ！

⑤

豚肉は3枚1組にして少しずらして重ね、手前にレタス1/4量を重ねて、豚肉からはみ出ないよう端を折りたたみ丸めたら、くるくると巻く。3等分に切り、串1本につき2つ刺す。これを3本作る。

加熱Start!

⑥

ホットプレートを中温に熱してサラダ油をひき、各種2本ずつのせて焼く。塩・コショウをふり、両面焼き色がつくまで焼く。

ヘルシーな鶏ささみなら
夜遅くに食べても
罪悪感なし！

3種類の味が選べる♪

ささみ串3種

材料 (2人分)

鶏ささみ	6本
酒	大さじ1
塩	少々
サラダ油	小さじ2
<明太マヨ>	
明太子	100g
マヨネーズ	小さじ2
小ねぎ	1本
<梅大葉>	
大葉	4枚
梅干し	1個
炒りごま（白）	適量
<ワサビしょうゆ>	
ワサビ	小さじ2
しょうゆ	小さじ1
刻みのり	適量

① 下準備

明太子は薄皮をはがし、中身を取り出す。小ねぎは小口切り、大葉はせん切りにする。梅干しは種を取り出してたたき、ペースト状にする。

②

ささみは筋を取り、酒、塩をふりかけ、竹串に刺す。

③ 加熱Start!

ホットプレートを中温に熱してサラダ油をひいたら、②を片面3分ずつ焼く。フタをし低温で2分ほど蒸し焼きにする。

④

<明太マヨ><梅大葉><ワサビしょうゆ>の具材をそれぞれ2本ずつトッピングする。

<明太マヨ>明太子とマヨネーズを混ぜ合わせて塗り、小ねぎを散らす。
<梅大葉>ペーストにした梅干しを塗り、大葉、炒りごまを散らす。
<ワサビしょうゆ>ワサビとしょうゆを混ぜ合わせて塗り、刻みのりを散らす。

ビールが無限にすすむ！

大葉キムチ棒餃子

材料（20個分）

A		
	合いびき肉	150g
	ニラ	80g
	ニンニク	1片
	めんつゆ	大さじ1
	ごま油	大さじ1/2
	オイスターソース	大さじ1/2
	白菜キムチ	150g

A	片栗粉	大さじ1
	塩	少々
餃子の皮		20枚
大葉		10枚
水		適量
サラダ油		小さじ2

B	水	100ml
	薄力粉	小さじ1
	ごま油	大さじ1/2

下準備

ニラは小口切り、ニンニクはみじん切りにする。大葉は半分に切る。

ボウルにAを入れてこねる。

餃子の皮に大葉をのせ、その上に②を適量のせ、ふちに水をつけて半分に折りたたむ。これを20個作る。

加熱Start!

ホットプレートにサラダ油をひいて中温で熱し、③を並べる。2分ほど焼いたら混ぜ合わせたBを加えてフタをし、水気がなくなるまで蒸し焼きにして、仕上げにごま油を回しかける。

Part 5 お酒がすすむおつまみレシピ

大葉とキムチがアクセント！

109

タコパ感覚でワイワイ楽しく食べられる

おうちでひと口小籠包

材料 (2人分)

豚ひき肉 ………… 150g		お湯 ………… 100㎖
長ねぎ ………… 1/2本	A	粉ゼラチン ………… 5g
ショウガ ………… 1片		鶏がらスープの素
餃子の皮 ………… 24枚		（顆粒）… 大さじ1/2

	塩・コショウ …… 各少々
	しょうゆ ……… 大さじ1
B	オイスターソース
	………… 大さじ1
	酒 ………… 大さじ1
ごま油 ………… 大さじ2	
炒りごま（白） ………… 適量	
小ねぎ ………… 適量	

たこ焼きプレート
を使って作る
ひと口おつまみ

下準備

耐熱容器に**A**を入れて混ぜ合わせ、粗熱が取れたら冷蔵庫に入れ、ゼラチンがしっかりと固まるまで30分～1時間ほど冷す。

長ねぎとショウガはみじん切り、小ねぎは小口切りにする。

ボウルにひき肉、長ねぎ、ショウガ、**B**を入れて混ぜ合わせる。

固まった**❶**をフォークなどで細かくし、**❸**に入れて混ぜこねる。

餃子の皮に**❹**を入れてひだを作りながら、たこ焼きプレートのサイズに合うように包む。

加熱Start!

たこ焼きプレートにごま油を入れて広げたら、**❺**を並べる。中温で焼き色がつくまで1～2分焼き、水適量（分量外）を加えてフタをし、低温で5分蒸し焼きにする。

仕上げに小ねぎと炒りごまを散らす。

旨みがギュッと詰まった

小ヤリイカのホイル焼き

材料（2人分）

小ヤリイカ（12cm程度）	
………………	10〜12杯
玉ねぎ ………………	1/2個
ニンニク ………………	2片
酒 ………………	大さじ2
しょうゆ ………………	大さじ3
バター ………………	20g
水 ………………	50ml
小ねぎ ………………	適宜

下準備

1 玉ねぎ、ニンニクは薄切りにする。

2 小ヤリイカはゲソを胴体から離し、ワタ、軟骨などを取り除く。

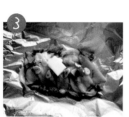

3 アルミホイルに玉ねぎ、イカ、ニンニクを1/2量ずつのせたら、酒、しょうゆを1/2量、バターを1/4量入れる。これをもう1つ作る。

加熱Start!

4 漏れないようにしっかりとアルミホイルを二重に包み、ホットプレートに2つのせ、その周りに水を入れてフタをし、低温で15分加熱する。

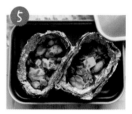

5 ホイルの口を開き、バターを1/4量ずつのせ、お好みで小口切りにした小ねぎを散らす。

イカとガーリックバター醤油の鉄板の組み合わせ！

パン生地を使わないからヘルシー

カリカリレンコンしらすクリスピーピザ

材料（2人分）

レンコン	250g
しらす	100g
ピザ用チーズ	適量
片栗粉	大さじ2
ごま油	大さじ1
小ねぎ	適量

下準備

1 レンコンはスライサーで薄切りにしたら5分程度水にさらしてアク抜きする。小ねぎは小口切りにする。

2 レンコンを水切りしてビニール袋に入れ、片栗粉を加えてまぶす。

加熱start!

3 ホットプレートにごま油をひき、**2**を重ねて並べる。中温に熱してフライ返しなどで押さえつけながら両面カリッと焼く。

4 チーズ、しらすの順にのせ、フタをして3分ほど加熱する。

5 チーズが溶けたら小ねぎを散らし、まな板へ移動して食べやすい大きさに切る。

> レンコンの食感がおいしい新感覚ピザ

彩り鮮やかで食卓が華やかに

たらのアクアパッツァ

魚介の旨みと
トマトの酸味が
ベストマッチ！

材料（2人分）

たら	2切れ	塩・コショウ	各少々
はまぐり（砂抜き済み）		水	200ml
	8〜12個	酒（または白ワイン）	
ミニトマト	6〜8個		大さじ2
ニンニク	1片	オリーブオイル	大さじ2
オリーブ	8〜10個	イタリアンパセリ	適宜

下準備

① ミニトマトは半分に切る。ニンニクはみじん切りにする。

② たらは両面に塩・コショウをふる。

加熱Start!

③ ホットプレートを中温で温め、オリーブオイル、ニンニクを入れて香りが出たらたらを入れ、両面焼き色がつくまで焼く。

④ たらの周りにはまぐりを入れる。水、酒を入れてフタをし、7〜8分蒸し焼きにする。

⑤ ミニトマト、オリーブを加えて塩・コショウで味を調える。お好みでイタリアンパセリを散らす。

高タンパク
低糖質な
ヘルシーおつまみ

ふわふわ軽くて、お酒のつまみに最適

長いもと豆腐のふわふわ焼き

材料 (2人分)

絹ごし豆腐	……………………	1丁
長いも	……………………	200g
卵	……………………	2個
	片栗粉	………… 大さじ4
A	白だし	………… 大さじ2
	砂糖	………… 小さじ2
サラダ油	……………………	適量
お好みソース	……………………	適量
かつお節	……………………	適量
小ねぎ	……………………	適量

下準備

1. ボウルに長いもをすりおろし、豆腐を入れてつぶしたあと、卵とAを加えよく混ぜ合わせる。

加熱Start!

2. ホットプレートを中温に熱してサラダ油をひき、1を流し入れる。ふちが固まってきたらフタをし、卵に火が通るまで10分ほど加熱する。

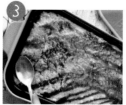

3. 裏面にも焼き色がしっかりついているか確認し、焼き色がついていたらお好みソースを塗る。

5. 仕上げにかつお節、小口切りにした小ねぎを散らす。

115

キムチ×チーズの最強タッグ！

豆腐キムチチヂミ

材料 (2人分)

絹ごし豆腐	300g
白菜キムチ	140g
ニラ	3本
とろけるチーズ	適量
片栗粉	120g
しょうゆ	大さじ1
塩	少々
ごま油	適量

下準備

1 ニラは5cm幅に切る。

2 ボウルに豆腐を入れてしっかりつぶし、片栗粉を混ぜる。

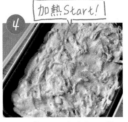

3 しょうゆ、塩を入れて混ぜたらキムチとニラを加えてさらに混ぜる。

加熱Start!

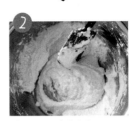

4 ホットプレートを中温に熱してごま油をひき、③を流し入れ、片面に焼き色がついたら裏返す。両面焼き色がつくまで焼く。

5 チーズをのせてフタをして低温で溶けるのを待つ。まな板に移して食べやすい大きさに切る。

生地に豆腐を
加えることで
もっちもちの食感に♪

Part

6

子どもと一緒に楽しめる

ホームパーティ
レシピ

ピザやタコライス、ライスバーガーなど、ホームパーティに
ピッタリのメニューをご紹介。ホットプレートを囲んでみん
なでワイワイ作れば、盛り上がること間違いなし！

※本章は大きめのサイズ（3〜5人分）のブルーノホットプレート グランデ
サイズを使用しています。コンパクトホットプレート（2〜3人前）で作り
たい場合は、分量をすべて2/3量にしてお作りください。

一度に二度おいしい！

マルゲリータとツナコーンピザ

材料（3〜5人分）

薄力粉 ·················· 400g
砂糖 ····················· 小さじ2
ベーキングパウダー
················· 小さじ1
塩 ························ 小さじ1
オリーブオイル ····· 大さじ4
水 ······················· 200mℓ
サラダ油 ············· 小さじ1

＜マルゲリータ＞
カットトマト缶 ········· 100g
ニンニク（すりおろし）
······················· 1片分
トマトケチャップ ··· 小さじ2
塩 ························ 少々
モッツァレラチーズ ··· 100g
バジル ················· 1パック
ブラックペッパー ······ 適宜

＜ツナコーン＞
ツナ缶 ···················· 1缶
コーン缶 ········· 1缶（200g）
マヨネーズ ········· 大さじ3
ピザ用チーズ ··········· 適量
パセリ ···················· 適宜

ふっくらパン生地に
お好きなトッピングで
召し上がれ♪

ボウルに薄力粉、砂糖、ベーキングパウダー、塩を入れ、ゴムベラで混ぜ合わせる。次にオリーブオイルを加え、水を少しずつ加えて混ぜ合わせる。

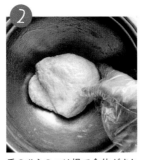

手のひらのつけ根で全体がまとまるまでよくこね、ラップをかけて冷蔵庫で10分ほど寝かせる。

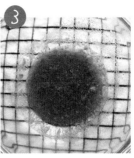

カットトマト缶、ニンニク、塩、トマトケチャップを耐熱ボウルに入れよく混ぜ合わせ、ラップをせずに電子レンジで10分加熱する。

加熱Start!

ボウルにコーン缶、マヨネーズを入れてよく混ぜ合わせる。

ホットプレートにサラダ油を薄くひき、プレートに合わせて❷のピザ生地を伸ばす。低温〜中温で温めて両面こんがりと焼く。

半分に❸を塗り、薄切りにしたモッツァレラチーズ、バジルをのせる。残りの半分に❹、油を切ったツナ缶、チーズをのせる。

フタをして低温〜中温で3分ほど加熱する。チーズが溶けたら、お好みでツナコーン側にパセリ、マルゲリータ側にブラックペッパーを散らす。

Part 6 子どもと一緒に楽しめる! ホームパーティレシピ

119

お家パーティーが
盛り上がること
間違いなし！

タコスとブリトーが一度に楽しめる♪

自家製トルティーヤdeパーティー

材料（3～5人分）

＜生地＞（12枚分）	
薄力粉	200g
強力粉	100g
塩	小さじ1
水	150g
オリーブオイル	大さじ5
＜タコス＞（6枚分）	
合いびき肉	200g
ニンニク	1片

レタス	6枚
ピザ用チーズ	40g
玉ねぎ	1/4個
トマト	1個
A オリーブオイル	小さじ1
塩	少々
レモン汁	大さじ1
B チリパウダー	小さじ1
塩	少々

クミンパウダー	
	小さじ1/2
B トマトケチャップ	
	大さじ2
ウスターソース	
	小さじ2
＜ブリトー＞（6枚分）	
スライスハム	12枚
スライスチーズ	6枚

下準備

玉ねぎ、ニンニクはみじん切り、レタスはせん切りにする。トマトは熱湯につけ、皮が破れたら冷水に取り皮をむき、1cm角に切る。

ボウルに**A**を入れて混ぜ合わせる。

ボウルに生地の材料を入れてゴムベラで混ぜ、まとまってきたら手でこねる。

常温で30分ほど寝かせる。

12等分して丸めたら、めん棒で直径15cmほどに伸ばす。

加熱Start!

ホットプレートを中温に熱し、⑤を2枚並べ、両面焼き色がつくまでこんがり焼く。これを枚数分くり返す。

ホットプレートの半分に箱形にしたクッキングシートをのせてニンニク、ひき肉を炒め、肉の色が変わったら**B**を加えて炒める。

焼き上がった⑥にレタス、チーズ、②、⑦を挟む（タコス）。または⑥に、スライスチーズとハム2枚をのせ、軽く焼いてチーズを溶かして食べる（ブリトー）。

Part
6
子どもと一緒に楽しめる！ ホームパーティレシピ

ひと口サイズが食べやすくって見た目もキュート

プチっと焼きおにぎり

材料（35個分）

<塩昆布おにぎり5個分>
- ご飯 ……………… 140g
- ★ 塩昆布 ……………… 7g
- ピザ用チーズ ……… 15g
- ●トッピング
  - 枝豆 ……………… 5粒

<焼きおにぎり10個分>
- ご飯 ……………… 200g
- ★ みりん ………… 小さじ2
- めんつゆ ……… 小さじ2
- しょうゆ ……… 小さじ2
- ごま油 ………… 小さじ2
- さけるチーズ ………… 2本
- ●トッピング
  - 炒りごま（白）……… 適量

<オムライスボール10個>
- ご飯 ……………… 120g
- ★ トマトケチャップ
  - 大さじ1.5
- 卵 ……………………… 2個
- 牛乳 …………… 大さじ1
- バター ………………… 10g
- ●トッピング
  - トマトケチャップ … 適量
  - パセリ ………………… 適量

<肉巻きおにぎり10個>
- ご飯 ……………… 130g
- 豚バラ薄切り肉 ……… 5枚
- A しょうゆ ……… 大さじ2
- 酒 …………… 大さじ1
- みりん ……… 大さじ1
- 砂糖 ………… 大さじ1
- ●トッピング
  - 炒りごま（白）……… 適量
  - 小ねぎ（小口切り）… 適量
- ごま油 ………………… 適量

たこ焼きプレートで作る
バラエティ豊かな
焼きおにぎり！

下準備

★をそれぞれボウルに入れて、混ぜ合わせる。

❶の塩昆布は5等分、焼きおにぎり、オムライスボールは10等分にしてそれぞれラップで丸める。焼きおにぎりは2本を10等分にしたさけるチーズを中に入れて丸める。（※オムライスボールはたこ焼きプレートの穴よりひと回り小さいサイズで作る）。

肉巻きおにぎりを作る。ご飯を10等分にしたら❷と同じようにラップで丸め、豚肉を半分に切り、包んで丸くにぎる。

加熱Start!

中温に熱したたこ焼きプレートにごま油をひき、❷の塩昆布と焼きおにぎりを並べる。

1分ほど加熱したら、❸の肉巻きおにぎりをのせる。❹と一緒にたこ焼きのようにくるくる転がしながら、さらに1分ほど焼いたら低温にする。

ボウルに卵を溶き、牛乳を加えて混ぜる。残りのたこ焼きプレートの穴にバターをひいたら、穴の1/2量ずつ、卵液をそれぞれ流し入れる。

卵の周りが固まってきたら❷のオムライスボールをのせ、卵が固まってきてご飯とくっついたらひっくり返す。

肉巻きおにぎりのたこ焼きプレートの穴に混ぜ合わせたAを入れて味つけ、それぞれにトッピングをのせる。

みんなで作っておいしさ倍増！

たこ焼き器deハンバーガー

材料（3〜5人分）

（ハンバーガー 10個
ベーコンエッグバーガー 10個）
※グランデホットプレートで2回分

ホットケーキミックス …	200g
卵 ……………………	1個
牛乳 …………………	150㎖
サラダ油 ……………	適量
炒りごま（白）………	適量
トマトケチャップ ……	適量

＜ハンバーグ＞

合いびき肉 …………	100g
玉ねぎ ………………	1/4個
塩・コショウ ………	各少々
パン粉 ………………	大さじ1
牛乳 ………………	大さじ1/2
スライスチーズ ………	1枚
ベーコン ……………	50g
うずら卵 ……………	10個
レタス ………………	1枚
ミニトマト …………	3〜4個

下準備

1 スライスチーズ、レタスはたこ焼きプレートの穴のサイズに合わせて切る。ミニトマトは輪切りに3等分にする、玉ねぎはみじん切り、ベーコンは2cm長さの短冊切りにする。

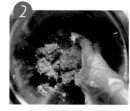

2 パン粉は牛乳に浸しておく。ボウルにハンバーグの材料を入れて粘りが出るまで混ぜ合わせて、10等分にし、丸く成形する。

3 ボウルにホットケーキミックス、卵、牛乳を入れて混ぜ合わせる。

加熱Start!

4 たこ焼きプレートにサラダ油をひいて低温で熱し、10個分に炒りごまを入れ、**3**を穴の1/3量ずつ入れる。もう10個の穴にも1/3量ずつ入れ、5個分に**2**、5個分にうずらの卵を割り入れ、5個分にベーコンを入れて焼く。

5 それぞれ焼き色がついたらひっくり返し、焼けたら具材をバンズで挟む。
＜ハンバーガー＞炒りごまのついていないバンズ→レタス→スライスチーズ→ハンバーグ→ケチャップ→炒りごまがついているバンスの順で挟む。
＜ベーコンレタスバーガー＞炒りごまがついていないバンズ→レタス→ベーコン→ケチャップ→うずらの卵→ミニトマト→炒りごまがついたバンズの順で挟む。

ミニチュアサイズが可愛い
ピックに刺せば
子どもたちも大喜び！

カラフルな見た目で
テンションもアップ！

たっぷり野菜の彩りタコライス

楽しく食べて
栄養バランスも
バッチリ！

材料（3～5人分）

ご飯	600g
牛合いびき肉	300g
玉ねぎ	1個
エリンギ	1パック
レタス	約3枚
ミニトマト	8個
卵	3個
ピザ用チーズ	適量
トルティーヤチップス	適量
A	トマトケチャップ ……… 大さじ5
	ウスターソース ……… 大さじ3
	カレー粉 …… 小さじ2
サラダ油	大さじ1

下準備

① 玉ねぎとエリンギはみじん切り、レタスはせん切り、ミニトマトは半分に切る。

加熱Start!

② ホットプレートを中温に熱してサラダ油をひき、ひき肉を入れてほぐしながら焼く。色が変わったら玉ねぎとエリンギを加えて炒める。

③ 玉ねぎがしんなりしたらAを加えて混ぜる。

④ ③を中央に寄せ、3か所くぼみを作って卵を割り入れ、フタをして卵の色が変わるまで蒸し焼きにする。

⑤ フタを取り、空いてるスペースにご飯をのせ、上にレタスをのせる。仕上げにミニトマト、チーズ、トルティーヤチップスをトッピングする。

アッアッで香ばしい！
自宅でライスバーガーが
食べられる♪

バーガーショップ風！

プルコギライスバーガー

材料（3個分）

ご飯 ……………… 450g	しょうゆ ……………… 適量		砂糖 …………… 大さじ1
牛薄切り肉 …………… 200g	片栗粉 ……………… 大さじ3		ニンニク（すりおろし
玉ねぎ ……………… 1/4個	ごま油 ……………… 小さじ2		…………………… 1片分
にんじん ……………… 1/4本		しょうゆ …………… 大さじ2	A	ショウガ（すりおろし）
小ねぎ ……………… 1本	A	酒 ……………… 大さじ2		…………………… 1片分
レタス ……………… 適量		ごま油 …………… 大さじ2		

下準備

① 玉ねぎ、にんじんはせん切りに、小ねぎは4cm長さに切る。

② ボウルに牛肉とAを入れてもみ込み、玉ねぎ、にんじんを加えてさらにもみ込む。

③ 別のボウルにご飯と片栗粉を入れて混ぜる。

④ 牛乳パックを1.5cm幅に切り、セロテープやホッチキスで留めて円状にする（セルクル型がある場合は型を使用）。

⑤ ④にラップをのせて③のご飯を入れる。ラップで包み、指で押して円状に成形する。これを合計6個作る。

加熱Start!

⑥ ホットプレートを中温に熱してごま油をひき、④とラップから外した⑤を焼く。

⑦ 片面焼き色がついたら半分のスペースに②をのせて焼く。

⑧ ご飯の両面に焼き色がついたらハケで両面にしょうゆを塗る。右スペースに小ねぎを加えて炒める。

⑨ ⑧が焼けたらご飯のバンズにレタスと一緒に挟む。

127

外はカリカリ中はふわふわ専門店の味

一番おいしいお好み焼き

材料（大4枚分）

薄力粉	75g	卵	3個
和風だしの素（顆粒）	小さじ1	紅ショウガ	15g
水	150mℓ	揚げ玉	50g
豚バラ薄切り肉	9枚	サラダ油	大さじ1
キャベツ	300g	お好みソース	適量
長ねぎ（青い部分）	50g	マヨネーズ	適量
山いも	100g	かつお節	適量
		青のり	適量

下準備

キャベツはせん切りに、長ねぎは小口切り、山いもはすりおろす。豚肉は5cm長さに切る。卵は溶いておく。

加熱Start!

ボウルに薄力粉と和風だしの素を入れ、水を少しずつ入れながらダマにならないように混ぜる。山いも、キャベツ、卵を入れて混ぜ合わせる。

長ねぎ、紅ショウガ、揚げ玉を入れて底から上に空気を入れるように混ぜる。

加熱Start!

ホットプレートを中温に熱してサラダ油をひき、1個分の2/3量を丸くのせる。スプーンで平らにしたら、残り量ものせて再びスプーンで平らにする。

豚肉を一面にのせ、片面が焼き上がったら素早くひっくり返して両面焼く。

お好みソース、マヨネーズを塗り、かつお節、青のりを散らす。

山いも入りでふっくら
お好み焼き粉
なしでおいしい！

おうちで手軽にできる！

明太もち〜ず もんじゃ焼き

明太子が効いているので
お酒のおつまみにも
ピッタリ！

材料 (3〜5人分)

<具材>
キャベツ	300g
切り餅	2個
明太子 (ほぐしたもの)	2本
揚げ玉	30g
小エビ	適量

<タネ>
水	350mℓ
和風だしの素 (顆粒)	小さじ1
小麦粉	30g
ウスターソース	大さじ2と1/2

<トッピング>
ピザ用チーズ	適量
青のり	適量
サラダ油	適量

下準備

1 キャベツは粗めのみじん切りにする。切り餅は6等分にする。

2 ボウルにタネの材料を入れて混ぜ合わせ、キャベツ、切り餅、明太子1本分、揚げ玉、小エビを加えてさらに混ぜる。

加熱Start!

3 ホットプレートを中温で熱してサラダ油をひき、プレートの端に②の切り餅をのせ、その上に残りの明太子をのせて温める。

4 中央に②の具材だけをのせてキャベツがしんなりするまで焼く。

5 真ん中を空けて土手を作り、中に②のタレを3回に分けて流し込み、③をのせる。

全体がなじむように混ぜて焼き、均一に広げる。仕上げにチーズをかけてフタをし、チーズが溶けたら青のりを散らす。

Part
7

ホットプレートで作れる
スイーツ
レシピ

ホットプレートは、スイーツ作りでも大活躍！ 作る工程も
楽しめるので、ホームパーティで作ったり、休日にお子さん
と一緒に作ったりするのもおすすめです。

いちご味と
チョコレート味
どっちで食べる？

みんなでワイワイ2種のクレープ

材料（3〜5人分）

卵	4個
牛乳	600㎖
砂糖	60g
溶かしバター	30g
薄力粉	200g
サラダ油	大さじ1

＜トッピング＞

ホイップクリーム	200g
いちご	1パック
バナナ	2本
パウダーシュガー	適量
チョコレートシロップ	適量

下準備

ボウルに卵、牛乳、砂糖、溶かしバターを加えて泡立て器でよく混ぜ、薄力粉を加えてゴムベラで混ぜる。

加熱Start!

ホットプレートを低温で熱し、サラダ油を塗る。ホットプレートにお玉の2/3量の❶を流し入れて薄く広げ、両面焼き色がつくまで焼いたらいったん取り出す。

❷にホイップクリームと半分にカットしたいちごを飾り、パウダーシュガーをかけて、くるくると巻く。

❷の上にホイップクリームと輪切りにしたバナナを飾り、チョコレートシロップをかけて、くるくると巻く。

ひと口サイズが可愛い♡

プチっといちご大福風

材料 (2〜3人分)

薄切り餅	12枚
こしあん	200g
いちご	24粒
サラダ油	小さじ2

下準備

薄切り餅をたこ焼きプレートの穴より少し大きいサイズに合わせて切る。

加熱Start!

たこ焼きプレートの穴1つずつにサラダ油をひき、1つの穴に1個ずつ❶をのせ、中温に熱して温める。

餅が柔らかくなったらスプーンで真ん中を穴に押しつける。

こしあんを絞ってのせる。

❹の上にいちごをのせ、焼き色がついて餅が完全に柔らかくなったらできあがり。

食後のデザートにぴったりな小さめサイズ♪

もっちもちの伸び〜るスイーツ

チョコバナナアイスの餅ピザ

材料 (2 〜 3人分)

切り餅 …………………… 5個
バナナ …………………… 1本
バター …………………… 10g
ピーナッツバター ………… 20g
チョコレートソース ……… 適量
パウダーシュガー ………… 適量
バニラアイス …………… 100g

アツアツの
お餅生地にひんやり
アイスがたまらない♡

下準備

1 切り餅は半分の厚さになるように切る。バナナは薄切りにする。

加熱Start!

2 ホットプレートにバターをひき、切り餅をのせる。フタをして中温で5分ほど加熱する。溶けてきたら押しつけて全体をつなげる。

3 ひっくり返したらピーナッツバターを塗り、バナナをのせる。フタをして3分ほど加熱する。

4 仕上げにチョコレートソースをかけて、パウダーシュガーをふり、バニラアイスをのせる。

いつもの焼き方を変えるだけで
おしゃれなスイーツに
大変身！

ホットケーキミックスで簡単♪

あみあみ
くるくる

材料（2〜3人分）

A	ホットケーキミックス ………………………… 200g	
	牛乳 ………………………… 150g	
	卵 ………………………… 1個	
バター ………………………… 10g		
メープルシロップ ………… 適量		

加熱Start!

①

ボウルでAを混ぜてディスペンサーに詰める。ホットプレートにバターをひき、網模様になるようぐるぐる回しながら焼く。

②

焼き目がついたらフライ返しで横からクルクル巻く。

③

お好みでメープルシロップなどをかけていただく。

Point

❸のとき、バナナに巻いてチョコレートソースをかけるのもおすすめです。

オーブン不要！ みんなで楽しく作れる♪

カスタードアップルパイ

材料（2～3人分）

冷凍パイシート	3枚
りんご	2個
パウダーシュガー	適量

A	砂糖	大さじ3
	バター	20g
	レモン汁	小さじ1

卵黄	2個
砂糖	大さじ3
薄力粉	大さじ2
バニラエッセンス	少々
牛乳	200mℓ

> 濃厚なカスタードクリームに
> サクサクパイシートが
> ベストマッチ♪

下準備

① りんごは薄切りにして耐熱ボウルに入れ、**A**を加えて電子レンジで6分加熱する。

② 別のボウルに卵黄と砂糖を入れて混ぜる。次に薄力粉とバニラエッセンスも加えて混ぜる。最後に牛乳を少しずつ加えてダマにならないように混ぜる。

③ 小鍋に②を移し、弱火で2分ほど加熱しながら練る。

④ 冷凍パイシートを半解凍させ、伸ばしてホットプレートに敷き詰め、フォークで刺して穴をあける。

⑤ ④の上に③を広げて伸ばす。

加熱Start!

⑥ ⑤の上に①をのせ、フタをして低温〜中温で10分ほど加熱する。

⑦ 焼き色がついたらパウダーシュガーをふりかける。

137

混ぜて焼くだけ！

簡単ブラウニー

材料 (2～3人分)

板チョコレート	50g
ナッツ	適量
卵	2個
砂糖	60g
薄力粉	80g
ココアパウダー	20g
ベーキングパウダー	小さじ1/2
バター	100g分
パウダーシュガー	適宜

下準備

1 チョコレートとナッツは細かく刻んでおく。

2 ボウルに卵を割り入れ、砂糖を加えて泡立て器で混ぜる。

3 薄力粉、ココアパウダー、ベーキングパウダーをふるい入れ、ゴムベラで混ぜる。

4 バターを溶かして加え、直後に刻んだチョコレートを少しずつ加えて溶かしながら混ぜる。

加熱Start!

5 ホットプレートにクッキングシートを敷き、4を流し入れてゴムベラで平らにする。上にナッツをのせ、フタをして低温で10分焼き、お好みでパウダーシュガーをかける。

濃厚チョコレートにゴロゴロナッツがアクセント！

ミニサイズで食べやすい

今川焼

材料（24個分）

ホットケーキミックス　200g
卵 ……………………… 1個
牛乳 ……………………… 140mℓ
ハチミツ ………………… 30g
あんこ …………………… 80g
サラダ油 ………………… 適量

シンプルな材料だから
食べたいときに
すぐできる♪

下準備

ボウルに卵を溶き、牛乳、ハ
チミツを加えて混ぜ合わせ、
ホットケーキミックスを加えて
さらに混ぜる。

加熱Start!

たこ焼きプレートにサラダ油
をひいて低温〜中温に熱し、
❶を流し入れる。

❷の生地にプツプツと気泡が
できてきたら半分（12個分）
にあんこをのせる。

あんこをのせていない生地を、
あんこをのせた生地の上にか
ぶせ、くるくる回しながら全
体を焼く。

クリームチーズがアクセント

プチッとスイートポテトパイ

材料 (24個分)

さつまいも	2本
クリームチーズ	30g
砂糖	大さじ2
牛乳	50㎖
冷凍パイシート	2枚
炒りごま (黒)	適量
卵黄	1個
サラダ油	適量

下準備

さつまいもは皮をむいて小さめにカットし、柔らかくなるまでゆでる。

①をマッシャーなどでつぶし、砂糖、クリームチーズ、牛乳を入れてねっとりするまで混ぜる。

パイシートは半解凍させ、24等分にカットする。

たこ焼きプレートにサラダ油をひき、ひと穴ずつパイシートを伸ばし広げたら、フォークで刺して穴をあける。

加熱Start!

④の上に②をスプーンでのせ、炒りごまを散らして卵黄を塗り、フタをして中温で15分ほど加熱する。

> サクサクのパイ生地
> スイートポテトと
> 相性抜群♪

バターは有塩だと
味のバランスが崩れるので
無塩がマスト！

ホットケーキミックスで簡単！ 混ぜて巻くだけ♪

クルクル楽しい！ バームクーヘン

材料（2～3人分）

ホットケーキミックス	300g
卵	2個
ハチミツ	60g
牛乳	320㎖
無塩バター	100g
砂糖	80g
サラダ油	適量

下準備

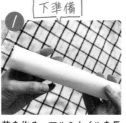

芯を作る。アルミホイルを長めに切ってホットプレートの短い辺の長さに折る。クルクル巻き、外側にクッキングシートを巻いて筒の中に折り曲げて固定する。

ボウルに卵を割り入れてよく溶き、ハチミツ、牛乳を加えてよく混ぜる。ホットケーキミックスは3回に分けて加え、そのつど混ぜる。

加熱Start!

溶かした無塩バター、砂糖を入れ、なめらかになるまでよく混ぜる。ホットプレートにサラダ油を薄くひいて中温で熱し、お玉1.5杯ほどの生地を広げる。

❸が乾いてきたら❶の芯を端にのせ、できるだけすき間を作らないようにクルクルと巻く。

生地がなくなるまで❹をくり返す。すべて焼き終えたら皿に移し、芯を抜いて食べやすい大きさに切る。

カリッ、じゅわ〜と
口の中いっぱいに
おいしさ広がる

たっぷりバターで焼き上げる魅惑の味

悪魔のパンプディング

材料（2〜3人分）

A	卵 ················· 3個		食パン（6枚切り）····· 3枚
	牛乳 ··············· 350㎖		バター ················· 15g
	砂糖 ··············· 50g		ミックスベリー ········· 50g
	バニラエッセンス··· 5滴		シュガーパウダー ······· 適宜

下準備

食パンをそれぞれ縦横4等分に切る。

ボウルにＡを入れて混ぜ合わせる。

加熱Start!

ホットプレートを中温で熱してバターを入れ、全体に広げたら一度電源をオフにして食パンを敷き詰める。

❷を入れてひたひたにし、全体に染み渡ったら低温にしてミックスベリーをのせ、フタをして10分加熱する。仕上げにお好みでシュガーパウダーをふる。

チョコとかぼちゃクリームの最強タッグ！

プチッとハロウィンケーキ

材料（24個分）

<かぼちゃクリーム>
かぼちゃ …………… 200g
生クリーム ………… 60㎖
砂糖 ………………… 20g
サラダ油 …………… 適量
<ケーキ>
バター ……………… 50g
砂糖 ………………… 70g
卵 …………………… 1個

牛乳 ………………… 大さじ2
薄力粉 ……………… 90g
ベーキングパウダー …… 2g
ココアパウダー（無糖）
 …………………… 20g
板チョコレート ……… 1枚
<トッピング>
パウダーシュガー …… 適宜
アラザン …………… 適宜

下準備

【かぼちゃクリームを作る】
かぼちゃは皮をむいてひと
口大に切る。耐熱容器に
入れてラップをし、電子レ
ンジで5分加熱してつぶし、
裏ごしをする。

❶に生クリーム、砂糖
20gを加えてなめらか
になるまで混ぜる。

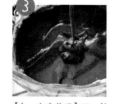

【ケーキを作る】フード
プロセッサーにバター、
砂糖70gを入れてかく
はんする。なめらかに
なったら卵、牛乳を加えて
混ぜ、薄力粉、ベーキン
グパウダー、ココアパ
ウダーを加えて混ぜる。

加熱Start!

たこ焼きプレートにサ
ラダ油をひいて❸を入
れ、チョコレートを24
等分して1個ずつのせ
る。フタをして低温で
蒸し焼きにする。

15分ほど加熱して火
が通ったら、電源をオ
フにし、❷を絞り袋に
入れてデコレーション
する。仕上げにお好み
でパウダーシュガー、
アラザンをトッピング
する。

ハロウィンはもちろん、
普段の日にも食べたい♪

ほっとぷれ子

Nadia Artist。おうちにある身近な食材を使って、料理初心者さんでも簡単に作れるホットプレートレシピを発信。InstagramやTikTokなどのSNSを中心に話題となり、総フォロワー数は20万人を超える（2023年6月現在）。

Instagram：hotplako　　YouTube：https://www.youtube.com/@hotplako
TikTok：hotplako　　公式LINE：https://lin.ee/5Eolmml

Nadia Artistとして活躍中！
レシピサイト「Nadia」公式サイト
https://oceans-nadia.com/user/712151

STAFF　デザイン／谷由紀恵
　　　　　DTP ／阪口雅巳（エヴリ・シンク）
　　　　　イラスト／ばばめぐみ
　　　　　校正／一條正人
　　　　　編集／上野真依
　　　　　制作協力／葛城嘉紀、黒澤 佳（Nadia株式会社）
　　　　　協力／BRUNO株式会社

料理ビギナーでも簡単！
なんでも作れるホットプレートレシピ

2023 年 7 月 21 日　初版発行

著　者　ほっとぷれ子
発行者　山下直久
発　行　株式会社KADOKAWA
　　　　〒102-8177 東京都千代田区富士見 2-13-3
　　　　電話 0570-002-301 （ナビダイヤル）
印刷所　凸版印刷株式会社
製本所　凸版印刷株式会社

●お問い合わせ
https://www.kadokawa.co.jp/ （「お問い合わせ」へお進みください）
※内容によっては、お答えできない場合があります。
※サポートは日本国内のみとさせていただきます。
※ Japanese text only

定価はカバーに表示してあります。